KB000856

몸과 마음을 잇는

트라우마 치유

Peter A. Levine 저 | 서주희 역

Healing Trauma
A Pioneering Program for Restoring the Wisdom of Your Body

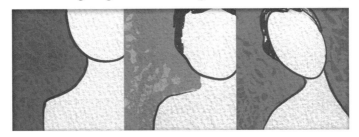

학지사

Healing Trauma:

A Pioneering Program for Restoring the Wisdom of Your Body

by Peter A. Levine

● 역자 서문 ●

'트라우마'는 이제 입 밖으로 꺼내기조차 조심스러운 말이 되었다. 대한민국의 시간을 멈춰 버린 세월호 참사의 고통이 여전히 진행 중이기 때문이다. 이 사건은 국가적 트라우마에 해당하며, 이를 위한 심리적 회복 프로그램은 피해자, 유가족, 지역사회뿐만 아니라 전 국민을 대상으로 적용되어야 할 만큼 그 여파가 심각한 수준이다. 이제 우리에게는 더 이상 외상 후 스트레스 증후군post traumatic stress disorder, PTSD이라는 기다란 정신과 진단명이 생소하지 않으며, 이는 곧 우리의 삶에 트라우마라는 것이 그만큼 만연해 있다는 증거다.

기존의 트라우마 치료 경향은 일반적으로 과거의 경험을 되돌아보면서 기억에 대한 분석 및 통합 작업으로 문제를 해결해 나가는 것이었다. 이러한 방식을 통해 잘 치료되지 않는 신체적 · 정신적 증상을 가지고 있는 환자의 과거력을 면밀히 조사하다보면 증상의 배후에는 반드시 트라우마 사건이 자리하고 있음을 확인할 수 있었다. 그러나 환자들의 과거 트라우마를 회상하는 임상 과정에서 재트라우마가 일어나 오히려 증상이 악화되는 경우가 많다는 문제가 있었다.

이러한 여러 가지 문제로 인해 트라우마 환자를 치료하는 데 어려움을 겪고 있던 중, 나는 일본 오사카에서 열렸던 신체감각의 체험을 중심으로 한 트라우마 워크숍에 참석하게 되었다. 최신 뇌과학 이론을 활용한 트라우마 치료기법과 눈앞에서 확인할 수 있었던 실습 장면들은 놀라울 정도로 참신하고 효과적이었다. 무엇보다도 끔찍했던 과거를 회상하지 않고도 몸의 감각을 이용하여 점진적으로 치료해 나가는 치료기법은 예로부터 감정의 변화를 질병을 일으키는 중요한 원인으로 인식하여 몸-마음의 유기체적 관계를 중시했던 한의학과 일맥상통하고, 마음의 고통을 몸으로 표현하는 경향이 짙은 한국인에게 적합할 것 같았다. 최근 트라우마 관련 책들이 많이 소개되고 있지만, 이처럼 신체감각을 이용한 트라우마 치료기법은 없었기에 나는 이 책을 통해 새로운 관점의 최신 치료법을 소개하리라 마음먹었다.

이 책의 저자인 피터 레빈Peter A. Levin은 신체감각을 알아차림으로써 트라우마에 접근하는 신체감각 체험중심치료Somatic Experiencing를 개발하고 연구소를 설립하여, 전 세계의 트라우마 예방 및 치료에 획기적인 도움을 줄 수 있는 새로운 발판을 마련하였다. 원래 동물생태학자였던 저자는 야생에서 동물의 행동을 연구하다가 포식자로부터 죽음의 위기에 처했을 때 나타나는 동물의 반응에서 영감을 얻어 이러한 트라우마 치료기법을 만들었다. 즉, 이 치료기법은 자연이 준 선물로서, 과거에 대한 고통스러운 회상 작업을 하지 않고도 현재 이 순간 생생한 몸의 감각을 통해 분열되고 막혔던 부분을 통합함으로써 어느새 트라우마로부터 회복되어 온전한 삶을 영위할 수 있도록 하는 것이다.

다시 말해, 이 기법은 과거의 사건을 없애려 하거나, 잊어버리게 하려는 것이 아니다. 그것을 부정하거나 부인하게 하려는 것도 아니다. 이 기법은 사건이 있었음을 인정하고 몸의 기억을 통해서 나타나는 감각과 트라우마로 인해 묻혀 있었고 잊고 있었던 개인의 내재된 자원을 활용하여 단절된 몸을 통합시켜 나아가게 한다. 트라우마로 인해 몸의 고통을 겪었지만, 결국 몸이 치료자인 셈이다.

완치가 어렵고, 치료된다고 하더라도 그 효과가 천천히 나타나며, 더러는 퇴행하는 것처럼 보이기도 하는 것이 트라우마다. 그러나 트라우마 환자 치료에 있어서 가장 중요한 안정감과 자기감을 기본적으로 확보한 후, 화학실험에서 조심스럽게 한 방울 한 방울씩 정량하듯이 이 책의 12단계 프로그램을 따라가다 보면 어느새 개인의 내성 영역이 확장되어 변용이 일어나게 될 것이다.

이 책을 소개하게 되어 영광스러웠지만 한편으로는 처음 하는 번역 작업이라 독자들이 읽기에 매끄럽지 못한 부분이 있을까 염려스러운 마음도 있다. 하지만 고통과 아픔으로 시름하는 분들과 그런 분들의 치유를 위해 애쓰시는 일선 전문가들에게 이 책이 새로운 전개가 되길 조심스럽게 빌어 본다. 그리고 자신의 내면에 있는 치유의 힘을 믿고 그 길을 따라 우리 모두 다 같이 함께 나아갈 수 있길 바란다. 마지막으로 영혼육 전인치유의 길로 인도해 주신 존경하는 유수양 선생님과 타카오 타케히로 선생님, 강형원 교수님께 진심으로 감사드리며, 이 책이 세상의 빛을 볼 수 있게 도와주신 학지사 김진환 사장님과 관계자 여러분께도 감사의 마음을 전하고 싶다.

서주희

● 들어가는 글: 호랑이가 알려 준 방법 ●

> 그대 내면에 있는 것을 밝히면, 구원을 얻을 것이요.
> 그렇지 못하다면, 파멸을 면치 못할 것이다.
> – 영지주의 복음

지난 35년간 나는 스트레스와 트라우마에서 사람들이 어떻게 회복될 수 있는지에 대해 연구하였다. 종종 사람들은 나에게 어떻게 탈진하거나 우울해지지 않고 트라우마처럼 병적인 주제를 연구할 수 있는지 물어본다. 이것에 대한 내 대답은 사람들이 자신의 트라우마를 이겨 낼 때 나타나는 변화를 눈으로 직접 보는 것이 내 삶에 활력소가 되고 희망을 주는 경험이라는 것이다. 어떻게 그렇게 될 수 있을까?

내 이야기를 잠깐 하고자 한다. 나는 1960년대 중반, 캘리포니아 버클리의 급진적인 환경에서 과학자로서의 경력을 시작하였다. 축적된 스트레스가 신경계에 미치는 영향을 연구하면서 대부분의 유기체에는 위협적이고 스트레스로 가득한 사건으로부터 회복할 수 있는 능력이 내재되어 있는 것 같다는 생각이 들었다. 그때는 심리적 외상—그 후 15년 동안 현재의 형태로 정의되지 않앗던 단어인—에 대한 지식이 전혀 없었고, 몸-마음 연결에 대한 새로운 개념을 적용한 스트레스 감소 기술에 대해 실험 중이었다.

연구 초반에 일어났던 한 사건이 연구의 방향을 완전히 바꾸어 놓았다. 내 스트레스 연구를 잘 알고 있는 한 정신과 의사가 편두통, PMS(월경전증후군), 만성통증, 피로, 심각한 공황발작과 같은 다양한 정신신체 증후군으로 고통받고 있던 자신의 환자를 내게 소개해 주었는데, 그 정신과 의사는 그녀가 몸을 이완시키는 법을 배운다면 도움이 될 것이라 생각하였다.

내가 이 환자('낸시'라고 부르기로 하자)와 세션을 진행하면서, 낸시는 이완하기 시작하였다. 그러다 갑자기, 어떤 경고도 없이 그녀는 공황상태에 빠졌다. 무엇을 해야 할지 모른 채 두려운 상태에서 내 마음의 눈에는 순식간에 갑자기 공격하려는 호랑이의 이미지가 보였다. 마치 꿈 같았지만, 당시에는 그것이 어디에서 왔는지 알 수 없었다.

생각할 겨를도 없이 "낸시, 호랑이가 당신을 쫓아오고 있어요!"라고 불쑥 내뱉었다. "저 바위 위로 도망쳐 달아나요. 살고 싶으면 뛰어요!" 그러자 놀랍게도 낸시의 몸이 떨리기 시작했다. 그녀의 뺨은 상기되고, 심하게 땀을 흘리기 시작했다. 잠시 후, 몇 차례 자발적인 깊은 호흡을 내뱉었다. 우리 둘 다 무서웠지만 이런 반응이 거의 한 시간 동안 연달아 일어났다. 끝나 갈 무렵 낸시는 '따뜻하게 출렁이는 물결'이 느껴진다고 말하면서, 깊은 평온함을 느꼈다.

이 시간 동안 낸시가 머릿속에서 본 것을 내게 말해 주었다. 그것은 그녀가 네 살 때 누군가에 의해 꼭 붙들린 채 편도선 절제술을 위해 에테르 마취를 받았던 장면이었다. 아이였을 때 경험했던 질식의 공포—나와 함께했던 세션 동안 기억나고 다시 경험했던 —는 끔찍했다. 아이로서 그녀는 헤어 나올 수 없을 정도로 압도 당했고, 무력감을 느꼈다. 나와 함께한 한 번의 세션이 끝난 후에 심신을 약화시켰던 대부분의 증상들이 극적으로 호전되었고, 그 녀는 자신의 삶을 보다 잘 영위할 수 있게 되었다.

낸시와의 경험은 내 연구를 바꿔 놓았다. 궁극적으로 스트레스 와 트라우마의 본성에 대한 연구에 새로운 지평이 열렸고, 트라우 마가 몸에 미치는 영향에 대한 이해가 깊어지면서, 부정적이고 파 괴적인 형태로 나타나는 트라우마의 영향을 치료하는 방법에 대 해 완전히 새로운 길로 이끌어 주었다.

해결되지 못한 트라우마는 엄청난 피해를 준다. 그것은 우리의 습관과 인생관에 영향을 끼쳐 중독 증세를 보이게 하거나 의사결 정력을 떨어뜨린다. 또한 가족의 삶과 인간관계에도 큰 피해를 끼 친다. 실제적인 육체적 통증과 증상, 질병을 유발하며 자기파괴적 인 행동으로 이끈다. 그러나 다행스럽게도 죽을 때까지 트라우마 를 가지고 살 필요는 없다.

나는 수년의 연구와 임상 경험을 통해서 트라우마로 약화된 심 신의 회복을 돕는 신체적·정신적 훈련을 통한 트라우마 처리 방 법을 개발하였다. 지난 30여 년 동안 나는 수천 명의 사람이 트라 우마 사건에서 회복되어 삶이 변화되는 것을 목격하였다.

이것이 이 책과 부록에 수록된 12단계 트라우마 치유 프로그램 이다. 이 프로그램을 이용하여 치유의 과정을 시작할 수 있으며,

몇 주일, 몇 달 정도 프로그램을 지속한다면 장기간의 트라우마로 인해 고통스러웠던 증상들로부터 몸과 마음이 점차 자유로워지고 있음을 느끼게 될 것이다.

프로그램을 어떻게 진행할 것인지를 세부적으로 논의하기 전에 먼저 트라우마가 무엇이고, 그것이 정확히 어떻게 신체에 영향을 주어 그토록 다양한 증상을 일으키는지에 대해 알아본다면 도움이 될 것이다. 책의 앞부분에서는 이 프로그램을 이해하기 위해 알아야 할 것이 무엇인지 간략한 개요를 통해 알려 줄 것이다.

연습을 시작하기 전에 반드시 책의 앞부분을 읽어 보길 바란다. 트라우마가 무엇이고, 그것이 어떻게 영향을 끼치는지에 대해 알게 된다면 여기서 소개된 연습들이 당신의 해결되지 못한 트라우마에 훨씬 더 강력한 긍정적 효과를 끼칠 수 있을 것이다.

트라우마 분야의 베스트셀러인 『호랑이를 깨워라: 힐링 트라우마Waking the tiger: Healing trauma』(North Atlantic Books, 1997)에는 그간의 연구와 트라우마의 본질에 대해 더욱 자세히 설명하고 있다. 이론과 개별적 사례에 대해 더 알고 싶다거나 이 프로그램이 짜여진 과학적 원리에 대해 알고 싶다면, 이 책을 읽어 볼 것을 권한다. 과거의 트라우마에서 회복된 사람들의 감동적인 사례가 많이 소개되어 있다. 그렇지만 12단계 트라우마 치유 프로그램에 대해 알아야 할 모든 것은 이 책에서 다 볼 수 있다.

시작하기 전에 한 가지 더

모든 종교에서 고통은 깨달음에 이르는 길로 여겨진다. 서양에서는 중세 신비주의의 영혼의 어두운 밤과 같이, 성경에 나오는 욥의 이야기에서 그것을 볼 수 있다. 고통을 변용시키는 힘은 아마도 부처가 설법한 사성제에서 가장 명확하게 찾아볼 수 있을 것이다. 고통과 트라우마가 동일하진 않지만, 고통의 본질에 대한 부처의 통찰은 인생에 있어 트라우마가 미치는 영향을 강력하게 반영한다. 부처의 근본적인 가르침은 트라우마를 치유하고 전일성을 회복할 수 있도록 이끈다.

부처가 가르친 사성제의 첫 번째 진리는, 고통은 인간이라는 존재의 한 부분이라는 것이다. 고통스러운 경험에 직면하는 것을 피하려 한다면 치유 과정을 시작할 수 있는 방법은 아무것도 없다. 사실 부인denial은 불필요한 고통을 촉진하고 그 기간을 연장시킬 뿐이다.

두 번째 진리는 왜 고통을 겪고 있는지 알아야 한다는 것이다. 명확하고 용기 있게 고통을 바라볼 수 있어야 한다. 우리는 때로 모든 고통이 과거의 사건에서 기원했다는 무언의 가정에 집착한다. 그러나 트라우마의 시작점이 무엇이었든 간에 진실은 고통이란 현재의 우리에게 영향을 미치고 있는 과거 사건을 어떻게 다루느냐에 따른 결과라는 것이다.

세 번째 진리는 고통은 변용되고 치유될 수 있다는 것이다. 트라우마를 입은 사람에게는 터무니없는 말처럼 들리겠지만, 트라우마는 분명히 치유될 수 있다. 실제로 트라우마에서 회복하도록 사람들을 도왔던 경험을 통해 이런 회복 능력은 내재된 것임을 알 수 있었다.

네 번째 진리는 고통의 원인을 발견한다면 그것에 맞는 회복의 길도 반드시 찾을 수 있다는 것이다. 12단계 트라우마 치유 프로그램이 당신을 고통에서 벗어나도록 이끌어 주고, 평범한 인생의 놀라움을 되찾도록 도우리라 믿는다.

피터 레빈(Peter A. Levine)

● 차 례 ●

몸을 통해 마음의 힘을 회복하는
12단계 트라우마 치유 프로그램

트라우마란 무엇인가

CHAPTER 1

트 라우마trauma는 인간의 고통을 일으키는 원인 중 가장 간과되고 무시되고 부인되고 오해되어 왔다. 여기서 '트라우마'라는 단어는 삶이 위협당했거나 압도당하는 경험 후에 일어나는 심신을 약화시키는 증상들에 관해 이야기하고 있는 것이다. 최근 트라우마는 "나 오늘 참 트라우마 가득한 하루였어"처럼 일상의 스트레스를 지칭하는 유행어처럼 쓰이고 있다. 이런 표현은 완전히 잘못 사용된 경우다. 모든 트라우마 사건은 스트레스가 많지만, 스트레스가 많은 모든 일이 트라우마가 되는 것은 아니다.

개개인에게 독특함

두 사람이 완전히 똑같은 트라우마를 가질 수는 없다. 한 사람에게 장기적으로 해를 끼친 일이 다른 사람에게는 신나는 일이 될 수도 있다. 위협을 받았을 때 나타날 수 있는 반응의 범주는 넓고, 많은 요소가 포함된다. 그런 반응은 유전적인 기질, 트라우마 개인력, 심지어는 가족 역동에 의해 결정된다. 그런 차이를 제대로 이해하는 것이 필수적이다. 어린 시절의 특정 경험이 세상에서 대처하고 현존할 수 있는 능력을 심각하게 약화시킨다는 것을 알면 우리 자신과 다른 이들 모두에게 가혹한 잣대를 들이밀기보다는 연민과 지지를 보낼 수 있을 것이다.

내가 트라우마에 대해 배운 것 중에서 가장 중요하다고 생각되는 것은 사람들, 특히 어린아이의 경우 흔히 매우 평범한 일상적인 사건에 의해서도 압도당할 수 있다는 것이다. 최근까지 트라우마에 대한 이해는 전쟁으로 충격을 받아 '전쟁신경증shell shocked' 에 걸린 군인들이나 심각한 학대나 폭력의 희생자 그리고 천재지변을 겪은 사람들에 한정되어 있었다. 그러나 이러한 편협한 시야는 진실을 향해 더 나아갈 수 없게 만든다.

진실은 시간이 지남에 따라 작은 사고처럼 보이는 것들이 연속되면 한 개인에게 심각한 손상을 입힐 수 있다는 것이다. 트라우마는 거대한 재해에서만 생겨나는 것이 아니다. 일상적인 유발 사건들은 다음과 같다.

- 자동차 사고(가벼운 접촉 사고일지라도)
- 통상적으로 행해지는 침습적인 의료적 절차
- 사랑하는 사람의 죽음
- 지진과 허리케인 같은 자연재해

어떤 상황에선 자전거에서 떨어지는 일이 어린아이에게는 굉장한 충격일 수 있다. 이러한 상황에 대해서는 후에 논의할 것이다. 우선은 우리 거의 대다수가 직접적이든 간접적이든 간에 어떤 형태로든 트라우마를 경험해 본 적이 있다는 것을 말해 주고 싶다.

이런 이유로 이 책과 부록에 있는 12단계 트라우마 치유 프로그램을 실천해 보는 것이 모든 사람에게 유익한 일이 될 것이라 믿는다.

때때로 사람들은 내게 트라우마가 무엇인지 규정해 달라고 한다. 30년이 지났지만 이것은 여전히 어려운 과제다. 내가 아는 것은 인식된perceived 위협에 반응할 수 있는 능력이 어떤 식으로든 압도되면 트라우마를 입게 된다는 것이다. 적절히 반응할 수 없다는 것은 미묘하게는 물론 명백하게 우리에게 영향을 끼친다.

사실 트라우마는 여러 해 동안 드러나지 않게 영향을 끼칠 수 있다. 예를 들어 차의 폭발음이 들릴 때마다 도망치는 참전 군인이라면 과거에 경험했던 총소리에 반응하고 있는 것이다. 고문과 감금을 겪었던 사람이 혼잡한 엘리베이터 안에서 식은땀을 흘리고 있다면, 그 연관성을 쉽게 알 수 있다. 그러나 우리 중 대부분은 아닐지라도 상당수가 그다지 극적이지 않은 사건의 연속으로 충격을 받은 사람이라면 반응이 그리 뚜렷하게 나타나진 않는다.

요약하자면, 트라우마는 연결의 상실―우리 자신과, 우리의 몸과, 우리의 가족과, 타인과, 그리고 우리를 둘러싼 세상에 대한―에 관한 것이다. 때로는 이러한 연결의 상실이 한번에 일어나는

게 아니기 때문에 알아차리기가 힘들다. 천천히, 반복적으로 일어나면서 이러한 미묘한 변화를 알아차리지 못한 채 여기에 적응해 나간다. 트라우마는 보이지 않게 영향을 미칠 수 있는데, 우리 대부분은 이것을 속으로만 간직하고 있다. 우리는 내면에 일어나는 변화에 대해서 완전히 알아차리지 못한 채 그냥 무엇인가 잘못되어 있다고만 느낄 수 있다. 여기서 우리 내면의 변화란 자존감, 자신감, 삶에 대한 만족감 및 소속감의 상실 등을 말한다.

특정한 감정, 사람, 상황, 장소 등을 피하면서 선택을 제한한다. 이렇게 자유가 조금씩 제한되다 보면 삶의 활력과 꿈을 실현시키기 위한 잠재력을 잃어버리게 된다.

치료의 새로운 발견

정신의학 분야에서 트라우마는 장기적으로 영향을 주고 치료될 수 없는 질환으로, 단지 약물이나 행동요법으로만 미미하게 관리할 수 있을 뿐이라고 간주되어 왔다. 나는 여기에 동의하지 않는다. 약물은 때에 잘 맞춰 쓰면 꽤 도움이 되지만, 그것만으로는 충분하지 않다.

나는 지난 30년간 트라우마 치료를 하면서 인류는 트라우마를 이겨내는 본유한 능력을 가지고 태어난다는 결론에 이르렀다. 트라우마는 치유될 수 있을 뿐만 아니라, 치유 과정은 심오한 깨달음—감정과 진정한 영혼의 변용을 향해 열려있는 문—을 주는 촉매제가 될 수 있다. 개인, 가정, 공동체, 나라에 이르기까지 우리 모두는 트라우마로 인한 손상을 치유하고 예방하는 법을 배울 수 있는 능력이 있음이 확실하다. 그렇게 한다면, 개인적인 꿈과 집단적인 꿈 모두를 실현할 수 있는 힘을 크게 키우게 될 것이다.

트라우마의 원인과 증상

CHAPTER **2**

삶에 영향을 미치는 트라우마를 해결할 수 있도록 안내해 주는 이 연습을 시작하기에 앞서, 트라우마를 일으킬 수 있는 원인을 이해하고 트라우마의 결과로 나타나는 여러 가지 증상들을 알아보도록 하자.

트라우마는 그것의 원인이 무엇이든 간에 트라우마다. 이것을 진실로 이해하기 위해서는 삶에서(의식적으로든 무의식적으로든) 위협으로 인식하는perceive 모든 사건에 의해 트라우마를 입을 수 있다는 사실을 알 필요가 있다. 이러한 인식은 개개인의 나이, 삶의 경험, 타고난 기질에 달려 있다. 예를 들어, 유아나 어린아이들은 천둥번개나 화난 어른의 고함과 같은 갑작스러운 큰소리가 트라우마가 될 수 있다. 물론 천둥이나 고함이 삶에 위협적이지는 않으나 트라우마에 있어서는 위협에 대한 인식과 그것을 처리할 능력이 없다는 점이 중요한 요인이 된다.

트라우마의 범주

트라우마를 일으키는 원인은 크게 두 가지(분명한 원인과 덜 분명한 원인) 범주로 나눌 수 있다.

트라우마를 일으키는 분명한 원인

- 전쟁
- 아동기의 심한 정서적, 신체적, 성적 학대
- 아동기 때 방치, 배신 혹은 버려짐
- 폭력을 경험하거나 목격하는 것
- 성폭행
- 심한 외상과 질병

트라우마를 일으키는 덜 분명한 잠재적인 원인

- 작은 교통사고(가벼운 접촉사고일지라도), 특히 경추손상을 가져온 사고
- 특히 어린아이를 꼼짝 못하게 하거나 마취를 시켜 행해진 침습적인 의료 시술과 치과 시술(에테르의 사용은 트라우마 가능성을 높인다. 필요하고 도움이 되는 일이라는 걸 이성적으로 알고 있을지라도, 어른도 자궁검진과 같은 많은 의료적 절차를 충격적으

로 경험할 수 있다)

- 낙상 그리고 소위 작은 손상, 특히 어린아이나 연세 드신 분들(예를 들어 자전거에서 떨어진 아이)
- 지진, 허리케인, 토네이도, 불, 홍수와 같은 자연 재해
- 질병, 특히 높은 열이나 중독 사고
- 홀로 남겨짐, 특히 영유아기
- 장기적으로 고정시킴, 특히 유아기(측만증이나 굽은 발을 위해 장기간 캐스트나 부목을 하고 있는 것)
- 극도로 뜨거운 것이나 차가운 것에 노출되는 것, 특히 영유아기
- 갑작스러운 큰 소음, 특히 영유아기
- 출산 스트레스, 엄마와 아이 모두

　트라우마를 일으키는 덜 분명한 원인은 일상 사건처럼 보이기 때문에 그 범위가 넓다. 이러한 사건들은 예상하는 것보다 훨씬 더 많이 트라우마를 일으킨다고 밝혀졌다. 이러한 이유로 다음의 항목을 천천히 읽어 보고 각각의 항목에 대한 당신의 반응이 어떠한지 주의를 기울여보기 바란다. 당신이 경험한 것에 대한 당신만의 '감각느낌'*을 알아차려 보기 바란다. 따끔거림, 근육의

---

* 감각느낌(felt sense): 시카고대 명예교수인 유진 젠들린(E. T. Gendlin)이 만든 포커싱 체험심리치료에서 나온 용어로서, 매 순간 자신의 내면에서 체험하고 있는 핵심적이면서도 독특한 내적 경험, 느낌, 감각을 일컫는다. 몸에서 전해지는 감각을 매개체로 자신의 핵심 문제에 접근할 수 있다.-역자 주

긴장이나 이완, 호흡, 심박 수, 체온의 상승이나 저하 등 몸의 감각에 특히 주의를 집중해 보라.

혹은 순식간에 이미지가 지나가는 것을 알아차릴 수도 있다. 내면의 시선으로 다른 색깔이나 모양이 보일 수도 있다. 강렬한 생각이나 기억, 감정이 튀어나올 수도 있다. 한편, 반응이 나타나지 않을 수도 있다. 주의를 집중해야 할 것은 이렇게 자연스럽게 일어나는 것들이다. 무슨 일이 일어나든지 그냥 그것을 밖에서 관찰하듯이 객관적으로 바라보려고 노력하라. 이것을 명심하고 다음으로 넘어간다.

당신의 몸에 귀 기울이라

위 목록을 읽을 때 어떤 반응이 나타났는가? 트라우마가 될 수 있을 만한 것들을 읽었을 뿐인데도 긴장되었는가? 그렇다면 당신이 경험하고 있는 것은 과거에 당신을 고통스럽게 했던 것들이 떠오르며 나타나는 정상적인 반응이다. 여러 가지 반응이 나타나는 것이 흔한 일이다. 위장이 조여드는 것 같거나 심장이 요동치는 등, 즉각적인 반응이 나타날 수도 있다. 혹은 읽고 있을 때는 아무것도 느끼지 못하다가 다 읽고 나서 위장을 콕콕 찌르는 통증을 느낄 수도 있다. 혹은 몸에서 일어나는 어떤 반응도 알아차리지 못한 채 어린 시절 자전거에서 떨어졌던 기억이 날 수도 있다.

긴장감이나 불안, 혹은 당신에게 나타나는 대부분의 반응이 원래의 압도당하는 사건 동안 경험했던 에너지의 각성 및 활성화와 관련이 있다는 것을 이해하는 것이 가장 중요하다. 위협당했을 때 당신의 몸은 본능적으로 그 위협에서 스스로를 보호하기 위해 많은 양의 에너지를 만들어 낸다. 이것이 트라우마를 치료하는 데 쓰이는 에너지이고, 우리는 그것을 알아야 할 필요가 있다.

다음 장에서는 위협 상황에서 쓰이지 못한 에너지가 어떻게 몸 안에 갇혀서 수년이 지난 후에 증상을 만들어 내는지 자세히 살펴볼 것이다.

지금부터는 풀지 못한 트라우마가 어떤 증상을 만들어 내는지에 초점을 맞춰보고자 한다.

증상과 나타나는 순서

시작하기에 앞서, 트라우마의 일반적인 증상이 엄밀히 무엇인지를 아는 것이 얼마나 중요한지 강조하고 싶다. 몸이 불편하게 느껴진다면, 그것은 메시지를 주고 있는 것이다. 메시지의 목적은 내면의 무언가가 옳지 않다고 느껴지고, 거기에 관심을 가지라고 우리에게 알려 주는 것이다. 이러한 메시지에 아무런 반응을 하지 않는 것이 여러 번 반복되면 트라우마의 증상으로 발전하게 된다.

물론 이런 모든 증상이 트라우마로 인한 것도 아니고, 하나 혹은 그 이상의 이런 증상을 가지고 있는 사람들이 모두 트라우마를

입은 것도 아니다. 예를 들어 독감은 트라우마 증상과 유사한 복
부 불쾌감을 일으킬 수 있다. 그러나 여기에는 차이점이 있다. 독
감에 의한 증상은 며칠이면 자연스럽게 사라지지만 트라우마로
인한 것이라면 그렇지 않다는 것이다.

   압도당하는 사건이 일어난 이후에 즉시 나타날 수 있는 첫 번째
증상은 무력감, 꼼짝 못함(부동화)immobility, 얼어붙음뿐만 아니라
과각성hyperarousal, 수축constriction, 해리와 부인dissociation and denial 등
이 포함된다. 차례대로 하나씩 살펴보도록 하자.

   과각성   이것은 심박 수의 증가, 발한, 호흡곤란(빠르고, 얇고,
헐떡거리는 등), 식은땀, 저림, 근육 긴장과 같은 신체적 증상의 형
태를 취한다. 또한 반복적인 생각, 정신없이 내달리는 마음과 격
정 등과 같은 정신적 과정으로 나타날 수도 있다.

   이러한 생각과 감각을 자신이 알아차릴 수 있다면, 즉 그런 것
들이 자연스럽게 흘러가도록 할 수 있다면, 그런 생각과 감정은
최고조를 이룬 다음 줄어들기 시작하다가 사라질 것이다. 이 과정
이 일어나면 떨림, 진동, 흔들림, 온기의 물결, 충만한 호흡, 느려
진 심박 수, 온기, 근육의 이완을 경험하고 전반적으로 안도와 위
안을 느끼고 안심할 수 있을 것이다.

   수축   삶을 위협하는 상황에 맞닥뜨리게 되면, 과각성과 함께
몸이 바짝 조여지고, 인식 능력 또한 협소해진다. 우리의 신경 시
스템은 그 위협에 최적의 방법으로 최대한 집중할 수 있도록 모든

노력을 하도록 만든다. 수축은 호흡, 근육의 긴장도, 효율성과 힘을 촉진하기 위해 자세를 변화시킨다. 피부의 혈관, 사지말단, 내부 장기는 수축되어 더 많은 피가 근육으로 가게 해서 방어 태세를 갖추도록 긴장하고 준비시키고 동시에 소화기관은 억제된다. 감각이 둔해지거나 정지shut down 될 수도 있다.

해리와 부인 우디 앨런이 말하길, "죽는 건 두렵지 않아. 단지 그 일이 일어났을 때 거기에 있고 싶지 않을 뿐이지" 이 농담은 해리 상황을 정확히 설명한 것이다. 해리는 각성이 증가하고 공포와 고통에 압도당하는 것으로부터 우리를 보호한다. 엔도르핀이라는 자연의 체내 아편을 분비시켜 심각한 손상에 의한 고통을 경감시킨다. 트라우마에서 해리는 참을 수 없는 그 순간을 견딜 수 있도록 해 주는 수단인 듯하다.

부인은 아마도 해리의 더 낮은 레벨의 에너지 형태일 것이다. 개인과 특별한 사건(혹은 일련의 사건들)에 대한 기억과 감정 사이에 분리가 일어날 수 있다. 우리는 사건이 일어났다는 것을 부인하거나 중요하지 않은 듯 행동할 지도 모른다. 예를 들어, 사랑하는 누군가가 죽었을 때, 혹은 상처 입거나 폭행당했을 때의 상황을 진실로 알게 되는 것은 너무나 고통스럽기 때문에 아무 일도 없었다는 듯 행동하게 된다. 또한, 해리는 분리되거나 몸에 존재하지 않는 부분으로 경험할 수도 있다. 종종 몸의 절단된 부분에 만성 통증이 나타나기도 한다.

무력감, 꼼짝 못함 그리고 얼어붙음 과각성이 신경계의 에스컬레이터라면 불가항력적인 무력감은 신경계의 브레이크다. 이때 겪는 무력감은 누구나 간간이 겪는 일상적인 무력감이 아니다. 주저앉을 것 같고, 움직일 수 없고, 완전히 속수무책인 듯한 느낌이다. 그것은 지각perception이나 믿음, 혹은 상상의 마술이 아니다. 그것은 실제다.

증상들: 장황한 목록

종전의 증상들과 같은 시기 혹은 그 이후에 바로 나타나는 초기 다른 증상은 다음과 같다.

- 과각성(항상 경계태세)
- 침습적인 영상이나 플래쉬백
- 빛과 소리에 극도로 민감함
- 과잉 행동
- 과장되게 감정적이고 깜짝 놀라는 반응
- 악몽과 야경
- 돌변하는 기분 변화(격분이나 울화통, 잦은 분노나 울음)
- 수치심과 자기 가치감의 약화
- 스트레스를 처리할 능력의 감소(쉽게 자주 스트레스를 받음)
- 수면 장애

이 증상들은 나중에, 혹은 몇 년 후에 나타날 수도 있다. 이 목록은 진단을 목적으로 하는 것이 아니다. 이것은 트라우마 증상이 어떠한지 감을 잡을 수 있도록 돕는 가이드다. 다음으로 올 수 있는 증상은 다음과 같다.

- 공황 발작, 불안 그리고 공포
- 정신적인 '텅 빈 느낌blankness' 혹은 멍한 느낌
- 회피 행동(장소, 활동, 동작, 기억 혹은 사람들을 회피하는 것)
- 위험한 상황에 끌림
- 중독 행동(과식, 음주, 흡연 등)
- 과장되거나 감소한 성적 행동
- 기억 상실과 건망증
- 다른 사람을 사랑하고, 보살피고, 유대하는 능력이 없음
- 죽음이나 짧은 생을 마칠 것에 대한 공포
- 자해(심각한 학대, 자기 스스로에게 가하는 칼부림 등)
- 지탱하는 믿음의 상실(영적, 종교적, 대인관계적)

마지막 그룹은 일반적으로 시간이 더 지난 후에 나타나는 증상이다. 대부분의 경우 초기 증상들이 먼저 나타난다. 그러나 증상이 나타날 때 어떤 고정된 규칙이 있는 것은 아니다. 이 그룹은 다음과 같다.

- 과도한 부끄러움

- 희미한 감정 반응

- 전념할 수 없음

- 만성피로 혹은 매우 낮은 신체 에너지

- 면역 시스템 문제와 갑상선 기능부전과 환경에 대한 민감성 같은 특정한 내분비계 문제들

- 심신증*, 특히 두통, 편두통, 목과 허리 문제

- 만성 통증

- 섬유근통

- 천식

- 피부 질환

- 소화 문제(장 경련)

- 심한 생리 전 증후군

- 우울과 파멸이 닥쳐오는 듯한 느낌

- 무심함, 소외, 고립된 느낌('산송장' 느낌)

- 계획을 짜는 능력의 감소

트라우마의 증상은 지속되어 현재에도 존재할 수 있다. 또한 지속되지 않고, 스트레스에 의해 유발되어 있다가 사라질 수도 있

---

* 심신증(psychosomatic illness, 心身症): 질병에는 여러 가지 원인이 있지만 그 중에서 심리적인 스트레스로 발생되는 신체질환을 심신증 또는 정신신체장애라고 한다. 흔히 신경성이라 말하며, 임상 양상으로는 두통, 복통, 과민성대장증후군, 천식, 관상동맥질환, 다한증, 만성통증 등 신경계, 소화기계, 심혈관계, 호흡기계, 내분비계, 근골격계, 피부계 등 신체 전 부분에 걸쳐 나타날 수 있다.-역자 주

다. 혹은 몇 십년간 숨어 있다가 갑자기 나타날 수도 있다. 일반적으로 증상은 하나만 나타나지는 않고 그룹으로 나타난다. 시간이 흐르면서 복잡하게 변하여 본래의 트라우마 경험과는 점점 더 멀어진다.

반복 강박

트라우마가 실제로 몸과 마음에 어떻게 침투하여 장기간의 문제를 일으키는지 살펴보기 전에 알아야 할 증상이 또 하나 있다. 이건 다른 것들보다는 그리 간단하진 않다. 풀리지 않은 트라우마에서 발전한 일반적이지 않고 문제를 일으키는 증상이 있다. 최초의 장소에서 문제를 야기시키는 행동을 반복하고자 하는 강박이다. 비슷한 방법으로 본래의 트라우마를 되풀이하는 상황으로 불가피하게 빠져든다. 어린 시절 성학대를 당한 창녀나 스트리퍼가 그 일반적인 예다. 신체적 증상이나 일파만파되어 버린 외부 환경과의 관계를 통해 트라우마의 영향을 재경험하고 있는 우리 자신을 발견할 수 있다.

친밀한 관계, 일하는 환경, 반복적인 사고나 작은 사고들, 외견상 연관성이 없어 보이는 사건들을 통해 재연re-enactment할 수 있다. 신체적인 증상이나 심신증의 형태를 띠고 나타날 수도 있다. 트라우마를 입은 경험이 있는 아이들은 놀이를 통해 반복적으로 다시 만들기도 한다. 어른들은 일상생활에서 어린 시절의 트라우마를 재연하고 있다. 이 메커니즘은 연령과 관계없이 비슷하다.

외상 후 스트레스 장애*분야의 탁월한 연구자인 베셀 반 더 콜크Bessel van der Kolk가 해결하고픈 충동을 위험하고 반복적으로 재연하는 참전 군인에 대한 이야기를 들려준 적이 있다.

1980년대 후반 7월 5일, 오전 6시 30분에 어떤 남자가 편의점으로 걸어 들어왔다. 자켓 속에 손가락으로 권총 모양을 하고 금전등록기 안에 들어 있는 것을 달라고 요구하였다. 동전으로 5달러를 챙기고는 차로 돌아갔지만, 그때는 이미 경찰이 도착하였다. 경찰이 도착하고 그 남자는 차에서 내려 자켓 안에 손가락으로 권총 모양을 한 채 총을 가지고 있으니 모두 나에게서 떨어지라고 외쳤다. 다행히도 총알이 발사되지 않고 수감되었다.

경찰서에서 그 남자가 지난 15년간 여섯 번이나 저지른 소위 '무장 강도' 기록을 조사하던 한 경관은 그 사건들이 모두 7월 5일 오전 6시 30분에 일어난 것을 발견하였다! 그 남자가 베트남 참전용사라는 것을 알게 되자 경관은 이 사건과 뭔가 연관성이 있을 것이라고 추정하였다. 그 남자를 가까운 보훈 병원으로 데려갔고, 반 더 콜크 박사가 그와 이야기를 하게 되었다.

---

* 외상 후 스트레스 장애(post-traumatic stress disorder): 통상적으로 겪을 수 없는 위협적 사건에서 심리적인 외상을 당했을 때 나타나는 장애로, 주된 증상은 사건에 대한 회상, 악몽, 재연 등 사건의 재경험, 유사상황을 기피하고 그런 상황에 노출되거나 암시를 받아도 증상이 악화되며, 멍한 상태로 일상에 대해 관심이 없고 흥미를 잃은 듯 현실에 대한 무관심과 잘 놀라고 잠들기 힘들어 하는 등의 자율신경계 증상 등이다. -역자 주

박사는 직접 물었다. "7월 5일 오전 6시 30분에 도대체 당신에 게 무슨 일이 일어났던 거죠?"

그가 대답하기를, 베트남에 있을 때 그의 부대가 베트콩에게 매복 습격을 당해서 그와 그의 친구인 짐을 제외하고 모두 사망하였 다. 그 일이 일어났던 7월 4일에는 어둠이 깔려서 헬기가 그들을 대피시킬 수가 없었다. 그들은 논에서 베트콩에게 둘러싸여 서로 바짝 붙은 채 끔찍한 밤을 겪어야 했다. 날이 밝아 6시 30분이 되자 짐이 베트콩의 총에 가슴을 맞았다. 짐은 7월 5일 오전 6시 30분에 그의 팔에서 죽음을 맞이했다.

미국에 돌아온 후 매해 7월 5일(그가 교도소에 없을 때에), 그는 친구의 죽음에 대한 의식을 재연했던 것이다. 반 더 콜크 박사와 의 치료세션에서 그는 친구의 죽음에 깊은 비탄을 경험했다. 그런 후 짐의 죽음과 강도짓을 하고자 느꼈던 강박충동 사이의 연관을 알 수 있었다. 그의 감정과 본래의 사건이 충동을 일으킨 역할을 알게 되자, 그는 비극적인 사고를 재연하는 것을 멈출 수 있게 되 었다.

강도짓과 베트남의 경험과는 어떤 연관이 있는 것일까? 강도짓 을 함으로써 친구의 죽음(그의 나머지 부대원의 죽음 역시)을 야기한 총격전을 다시 만들어 낸 것이었다. 경찰이 재연에 합류하도록 유 발시켜 베트콩의 역할을 하는 데 필요한 캐스팅을 하였다. 누구도 다치는 것은 원치 않았기 때문에 진짜 총 대신 손가락을 사용하였 다. 그런 다음 클라이맥스로 상황을 몰고 가 정신적인 상처를 치 유하는 데 필요한 도움을 끌어낼 수 있었다. 이러한 행동이 친구

의 죽음과 전쟁의 공포에 대한 괴로움, 비통함과 죄책감을 해결하
도록 한 것이었다.

그의 과거에 대해 아무것도 알지 못한 채 그 사람의 행동을 보
았다면 미쳤다고 생각했을 것이다. 그러나 짧은 이야기를 통해 그
의 행동이 깊은 감정의 상처를 해결하려는 기막힌 시도였다는 것
을 알 수 있다. 전쟁의 무서운 악몽에서 벗어나 자유로워질 때까
지 그는 몇번이고 재연했던 것이다.

사고는 '단지' 일어날 뿐이다

인정하건대, 매년 같은 날 강도행각을 벌이는 남자의 이야기는
꽤나 극단적인 예다. 이것은 우리가 해결하지 못한 트라우마를 직
면하고 대처할 수 있는 상황을 만들기 위해 애쓰고 있다는 사실을
보여 준다.

불행하게도 재연되는 것과 본래의 사고가 딱히 뚜렷하게 관련
있어 보이지 않을 수도 있다. 트라우마를 입은 사람들은 또 다른
상황에 트라우마 사고를 결부시켜 본래의 상황 대신 그 상황을 반
복한다. 특히 어떤 면에서 사고들이 비슷하다면 재연이 일어나는
형태로 사고가 재발된다. 다른 예로는 특정한 타입의 상처를 계속
해서 입게 된다. 발목을 삔다던지, 뒤틀린 무릎, 편타 손상 심지어
소위 많은 심신증이 신체적 재연의 일반적인 예다.

소위 이러한 '사고'라는 것들이 사고가 아닌 것처럼 보이는 것

은 결코 없다. 트라우마의 증상임을 알 수 있는 단서는 사고가 일어나는 빈도다. 어릴 때 성적 학대를 당한 한 청년은 3년간 열두 번도 넘게 추돌사고를 일으켰다. 이 중에 어떤 것도 그가 명백하게 잘못한 것은 없었다.

잦은 재연은 트라우마의 가장 흥미롭고 복잡한 증상이다. 이 현상은 각자에게 꼭 맞춘 듯하여 재연된 사고와 본래의 상황이 '우연의 일치'로 깜짝 놀라게 된다. 재연의 일부는 이해되지만, 다른 부분은 이성적인 설명으로는 불가능해 보일 수도 있다.

사고를 일으키는 재연의 예로 잭의 이야기를 전해 주고자 한다. 잭은 노스웨스트에 살고 있는 50대 중반의 수줍음 많고 진지한 사람이다. 우리가 처음 만났을 때, 그는 나를 봐야 하는 이유에 대해 꽤 당황하였다. 이런 당혹스러움의 저변엔 굴욕감과 패배감이 만연하고 있었다.

지난해 여름, 그는 보트를 정박시키며 자랑스러운 듯 농담조로 아내에게 "이거 참 멋지지?"라고 말하고 있었다. 바로 다음 순간 그와 아내와 아이들은 그들의 뒤에서 무슨 일이 일어났는지 깨달았다. 잭이 보트를 정박시키며 모터를 중립 상태에서 공회전을 하고 있어서 밧줄 중 하나가 클러치 조절판으로 말려 들어갔다. 갑자기 보트가 앞으로 휘청거리며 잭과 가족들의 발이 확 움직였다.

다행히 심각하게 다친 사람은 없었으나 다른 보트와 부딪히는 바람에 5천 불 정도의 손해가 발생했다. 엎친 데 덮친 격으로 철저히 망신당한 잭은 선박 주인과 말싸움을 하기 시작하였고, 그 사람(아마도 잭이 술에 취했다고 생각한)은 잭의 보트가 달려들었다고 주장하였다. 항해사 집안에서 태어난 숙련된 뱃사람으로서 그런 일을 저지르다니, 그는 강풍에 정신을 얻어맞은 듯 하였다. 정박하면서 엔진을 공회전시키는 바보짓은 하지 않던 일이기 때문이었다.

치료를 진행하면서 재연 저변에 깔려 있던 그의 트라우마가 보다 분명해졌다. 감각느낌을 통해서—12단계 트라우마 치유 프로그램에서 사용할 기술—뒤로 넘어지기 전에 로프를 잡고 그것 때문에 팔이 불타는 듯 쓰라렸던 경험을 할 수 있었다. 다섯 살 때의 이미지가 떠올랐다. 부모님과 함께 배를 타고 있을 때 바람이 갑자기 몰아쳐 그가 사다리에서 떨어졌는데, 숨을 쉴 수가 없어서 몹시 무서웠다.

어린 시절 경험을 탐구하고 기억하면서, 잭은 다섯 살짜리 꼬마가 자랑스럽게 사다리를 타고 올라가는 근육의 힘을 뚜렷하게 느꼈다. 다른 일을 하느라 바빴던 그의 부모는 그가 사다리에 타고 있는 것을 보지 못했다. 큰 파도가 보트를 기울였을 때 잭은 속수무책이었다. 잭은 의사에서 의사로 넘겨지면서 계속 굴욕적인 이야기를 반복해야만 했다.

다섯 살 때의 추락과 최근의 낭패, 이 두 사건 사이에는 주요한 연관이 있다. 두 사건 모두 그가 자랑스럽게 솜씨를 뽐내고 있었다는 것이다. 바람이 그를 문자 그대로 그리고 감정적으로 몰아치는 두 사건 모두에서 그는 속수무책이었다. 그의 아버지의 보트는 'The High Seas'라는 이름의 보트였다. 이 사고가 일어나기 일주일 전, 잭은 자신의 보트에 'The High Seas'라는 이름을 붙였다.

이 이야기를 읽으면서 당신의 인생에서 이상하게 반복되는 듯 보였던 사건이나 사고를 떠올릴 수 있을 것이다. 그것들은 아마 풀지 못했던 트라우마의 흔적을 보여 줄지도 모르겠다. 아마 재연을 통해 반복되는 행동 패턴을 야기한 최초의 사건은 까맣게 잊었을 수도 있다. 때로는 이런 재연들을 시도해 볼 때, 알고 있는 것과 알지 못하는 것에 대하여 짐작하게 될 것이다. 일깨워진 패턴과 기억을 가지고 작업해 나가면서 당신만의 감각느낌을 믿고 숨겨진 연결고리를 탐험하도록 놓아주자.

홍미롭게도 트라우마에서 발전할 수 있는 또 다른 증상은 회피다. 어렸을 때 사다리에서 떨어진 적이 있다면, 다시는 사다리를 타지 않을 것이라고 맹세할 수도 있고 사다리를 왜 싫어하는지 전혀 알지 못할 수 있다.

증상은 메시지를 전해 준다

어떤 종류의 사건인지는 상관없이 이런 증상의 일부 혹은 모두가 트라우마를 나타낸다고 이해하는 것이 중요하다. 그리고 트라우마가 해결되었을 때 이 증상은 사라질 수 있고 사라질 것이다. 트라우마를 치료하기 위해서는 우리의 몸이 우리에게 주고 있는 메시지를 믿는 법을 배워야 한다. 트라우마의 증상은 내부에서 울리는 알람과 같다. 이런 알람을 어떻게 듣는지, 몸의 알아차림을 어떻게 증가시킬 수 있는지 그리고 마침내 이 메시지를 어떻게 사용하는지 배운다면, 트라우마가 해결되기 시작할 수 있다. 이 증상들을 읽으면서 마음이 불편하다면, 아마도 그런 반응을 치유 여정으로 가는 첫 단계로 재구성reframe할 수 있을 것이다. 대신 당신의 몸이 당신에게 치유가 일어날 필요가 있다는 메시지를 전하고 있다는 것에 대해 고마워할 수 있을 것이다.

몸을 통해 마음의 힘을 회복하는
12단계 트라우마 치유 프로그램

트라우마가 몸에 어떻게
영향을 미치는가

CHAPTER 3

오, 주여, 부디 제가 좋은 동물이 되도록 도우소서.
– 바버라 킹솔버Barbara Kingsolver

트라우마 연구를 시작할 즈음 뇌 연구에 참여했었다. 거기에서 인간과 동물의 뇌에는 거의 동일한 본능적인 부분이 있다는 사실을 알았다. 단지 우리 뇌의 이성적인 부분만 인간으로서 독특한 것이다. 늘상 위협을 받고 있는데도 야생의 맹수들은 트라우마를 거의 입지 않는다는 사실도 알게 되었다. 게다가 동물은 위협을 직면하고서도 그것을 털어버리고 아무 일도 없었다는 듯이 살아가도록 내재된 능력이 있는 것처럼 보인다.

야생동물의 사례를 연구하면서, 대부분의 동물이 구사일생으로 목숨을 건진 후 정상으로 돌아갈 때 비슷한 생리적인 과정을 거친다는 것을 알았다. 이 과정은 낸시(책의 서론에서 언급했던 낸시 이야기를 떠올릴 수 있을 것이다)를 통해 목격했던 떨림, 진동, 자발적인 호흡을 떠올리게 하였다. 전 세계에서 일어나는 많은 샤머니즘 치료의식 과정에서도 이런 장면을 목격할 수 있다.

〈내셔널 지오그래픽National Geographic〉의 '북극곰의 경계'를 보면 이 과정을 처음부터 끝까지 지켜볼 수 있다. 비디오를 보면 비행기에 쫓겨 겁을 먹은 곰이 마취 총을 맞고 야생동물 생물학자에 둘러싸여 추적장치가 붙여진다.

충격 상태에서 벗어난 거대한 동물은 조금씩 떨기 시작한다. 떨림은 서서히 강렬해지면서 사지가 마구 흔들리며 거의 경련 발작처럼 최고조에 이른다. 떨리는 것이 멈추면 곰은 숨이 퍼져나가도록 온몸으로 큰 한숨을 쉰다. 이 필름에서 생물학자인 내레이터는 곰의 이런 행동은 추격과 생포를 하는 동안 가중되었던 스트레스를 분출하기 위해 필요한 것이라고 설명한다.

이것이 흥미로운 부분이다. 곰의 반응을 느린 화면으로 보면, 겉보기엔 마구 다리를 흔드는 것 같지만 실제로는 협동화된 달리기 동작이라는 것이 분명해진다. 마취되던 그 순간 중단되었던 달리기 동작을 능동적으로 끝마침으로써 도주 반응을 완성시키는 듯하다. 낸시가 어린 시절 압도당했던 경험에서 회복한 것처럼 곰은 자발적으로 온몸으로 호흡하며 '얼어 있었던 에너지frozen energy'를 털어 버린다.

증거가 쌓이면서, 나는 트라우마의 치유— '재결합re-association' 혹은 무당들이 '영혼을 되찾음soul retrieval'이라고 일컫는—는 기본적으로 생물학적 과정이나 심리적 영향과 결부된 신체적 과정이라는 확신이 들기 시작했다. 우리를 보호해 줘야 하는 사람들의 배신이 포함된 트라우마의 경우 특히 그렇다. 그러므로 성공적인 치유를 위해서는 신체와의 연결을 확립하는 것이 필수불가결하다고 할 수 있다. 신체와 재결합시키지 못하는 방법들은 제한적인 성공만 있을 뿐이다.

　그러면 이제 함께 살펴보도록 하자.

싸움, 도주 그리고 얼어붙음

　어떤 상황이 삶에 위협적이라고 느껴지면, 몸과 마음은 둘 다 싸우거나 도주하기 위한 준비로 엄청난 양의 에너지를 동원한다. 그것이 '싸움 혹은 도주fight or flight' 반응이라 알려진 이유다. 이것은 한 가냘픈 여성이 자신의 어린 아들의 다리가 끼어 있던 1톤짜리 트럭을 들어 올릴 수 있었던 것과 같은 에너지다. 코티졸과 아드레날린 등, 스트레스 호르몬이 방출되고 근육으로 대량의 혈류가 흘러 들어감으로써 이런 종류의 힘이 나타나게 된다.

　2천 파운드를 드는 동작을 하면서, 어머니는 위협에 대항할 수 있도록 동원된 거의 대부분의 과도한 화학물질과 에너지를 방출하였다. 반면 차 밑에 깔려 있어 통증과 두려움으로 꼼짝달싹 하지 못했던 그녀의 아들은 그렇게 할 수 없었다. 몸에서 에너지의 방출이 다 끝나면 위협이 더 이상 존재하지 않으니 스트레스 호르몬의 레벨을 낮추라는 정보가 뇌로 전해진다. 이것이 이와 같은 케이스에서 그 어머니에게 일어났던 일이다.

　정상화하라는 메시지가 전해지지 않으면 뇌에선 높은 수치의 아드레날린과 코티졸을 계속 방출해서 몸은 여전히 에너지가 고조된 상태로 있게 된다. 이것이 그 아들이 직면한 상황이었다. 과잉 에너지를 방출하는 법을 찾지 않는 한, 신체적 손상으로부터 회복된 이후로도 오랫동안 통증과 무력감에 시달릴 것이다. 핵심 질문은 이것이다. 더 이상 위협이 존재하지 않는데도 정상 기능으로의 회복을 방해하는 것은 무엇인가? 왜 우리는 동물들처럼 자연스럽게 과잉 에너지를 간단히 방출해 버리지 못하는 것일까?

이 질문에 대답하기 위해 고대 정신의 그림자가 머물고 있는 세렝게티 초원으로 당신을 초대한다. 쪼그려 앉은 채, 날렵하고 기민한 임팔라를 공격하기 위해 눈을 고정하고 근육을 움찔거리며 준비하고 있는 치타를 떠올려 보자. 날쌘 치타가 시속 70마일의 속도로 먹이를 낚아채는 것을 볼 때, 당신이 어떤 반응을 하고 있는지 따라가 보라. 치타가 임팔라의 엉덩이를 확 낚아채기 전에 임팔라는 단숨에 땅에 고꾸라져 버린다. 거의 포식자에게 항복하고 죽음을 맞이한 듯 보인다.

그러나 떨어진 임팔라는 죽은 것이 아니다. 늘어져 움직임이 없는 것처럼 보이지만, 임팔라의 신경 시스템은 여전히 빠른 추격으로 인해 고조되어 있다. 거의 숨 쉬거나 움직이지 않는 듯 하지만 임팔라의 심장과 뇌는 여전히 달리고 있다. 미수에 그친 탈출을 도와주는 신경전달 물질들이 피를 타고 뇌와 온몸에 흐르고 있다. 임팔라가 단숨에 먹힐 가능성은 없다. 엄마 치타는 (거의 죽은 것 같은) 먹잇감을 풀 더미 뒤로 끌고 간 후, 멀리 감치 떨어져 안전하게 숨어 있는 배고픈 새끼들을 찾으러 나갈 것이다.

치타가 가 버리면 일시적으로 '얼어 있던frozen' 임팔라는 충격 상태에서 깨어나 죽음에서 탈출하기 위해 동원한 엄청난 양의 에너지를 방출하기 위해 몸을 흔들고 부르르 떨기 시작한다. 이러한 정상화 과정이 끝나면 기우뚱하게 한 다리로 서서 몇 걸음 머뭇거리다가 아무 일도 없었다는 듯 임팔라 떼를 찾아서 펄쩍펄쩍 뛰어간다.

임팔라의 '부동화 반응immobility response'은 '싸움fight' '도주flight'와 같은 생존 도구의 하나로 중요한 것이다. 이런 정상적인 생존 전략은 또한 '얼어붙음freezing' 반응이라고도 불린다. 오포섬(opossum, 주머니쥐)처럼 느리고 비교적 보호받지 못하는 동물들은 첫 번째 방어 전략으로 부동화 반응을 사용한다. 싸움과 도주가 생존 가능한 옵션이 아닌 상황에 처하게 되면 어떤 동물이라도 이 반응을 사용할 것이다.

부동화 반응의 또 다른 필수적인 기능은 무감각numbness이다. 임팔라(혹은 인간)가 '얼어붙은' 상태로 죽임을 당한다면, 고통이나 끔찍한 두려움은 겪지 않을 것이다.

우리 인간은 다치거나 압도당할 때 부동화 반응—얼어붙은 에너지—을 주로 사용한다. 인간은 임팔라와는 다르게 이 상태에서 정상으로 되돌아오기가 힘든 편이다. 우리 자신을 현재로 되돌리기 위해서 필요한 바로 그 느낌이 실제로는 무감각해져 있기 때문이다.

우리 스스로를 정상화하기 어렵다는 것이 매우 중요하다. '부동화 반응' 이후에 정상 상태로 균형을 되찾을 수 있는 능력이 트라우마를 겪게 되는 것을 피할 수 있게 하는 가장 주요한 요인이라고 생각한다.

야생동물들은 어떻게 성공적으로 정상 상태로 되돌아오는 것일까?

그 대답은 종전에 설명했던 특정한 형태의 자발적인 떨림, 흔들림 그리고 호흡에 달려 있다. 중앙아프리카 말라위의 음주주Mzuzu 환경센터의 책임생물학자인 앤드류 보와날리Andrew Bwanali와 동물 행동을 관찰한 것에 대해 이야기하고 있던 중, 그가 흥미롭다는 듯 고개를 끄덕이더니 갑자기 이렇게 외쳤다. "맞아…… 맞아…… 그래! 그건 사실이에요. 생포한 동물들을 야생으로 놓아줄 때, 당신이 묘사한 것과 똑같이 행동한다는 것을 확인할 수 있어요"

그는 바닥을 내려다보며 부드럽게 덧붙였다. "풀어 주기 전에 동물들이 그런 방식으로 떨거나 호흡하지 않는다면, 살아남지 못할 거예요. 죽음을 맞이하겠죠"

인간은 트라우마 때문에 죽음에 이르는 경우는 거의 없지만, 그것을 해결하지 못하면 우리의 삶은 트라우마의 영향으로 심각하게 훼손당할 수 있다. 심지어 어떤 사람은 '산 송장living death' 이라고 표현하기도 한다.

그렇다면 왜 우리는 동물들이 하는 것처럼 부동화 반응을 털어 낼 수 없는 것일까? 무엇이 우리가 얼어버린 에너지를 방출하는 것을 막고 있는 것일까?

여기에 정말 좋은 소식이 있다. 연구한 바에 의하면, 실제로 우리에겐 동물들이 하는 것처럼 위협을 털어 버릴 수 있는 동일한 능력이 내재되어 있다. 임상 실제에서도 이것이 사실이라는 것을 발견하였다. 적절한 안내를 받는다면, 인간 존재는 동물들이 사용한 똑같은 절차를 정확히 사용하여 압도되는 사건의 영향을 털어 버리고 원래의 삶으로 되돌아 갈 수 있다.

연구를 거듭하면서 나는 사람들이 트라우마를 치료하기 위한 안전하고, 부드럽고, 효과적인 방법을 발전시켜 나갔다. 그것은 기본적으로 트라우마는 생리적인physiological 것이라는 이해를 바탕으로 한다. 즉, 트라우마는 처음에는 우리의 몸과 본능에 일어난다. 그런 후에야 우리의 마음과 감정과 영혼에 그 영향이 퍼져 나간다.

부동화에서 빠져나오기

질문은 이것이다.

인간은 어떻게 하면 부동화에서 벗어날 수 있을까?

이런 얼어붙은 상태에서 빠져나온다는 것은 지독히도 힘든 경험일 것이다. 이성적인 뇌를 가지고 있지 않은 야생의 동물들은 재고하지 않는다. 그냥 그렇게 한다. 그러나 인간은 부동화 반응에서 빠져나오려고 할 때, 자신의 강렬한 에너지와 잠재된 공격성에 놀라서 그 감각의 힘에 저항한다. 이러한 저항은 정상 기능을 회복하기 위해 필요한 에너지의 방출을 완성시키는 데 방해가 된다. 방출되지 못한 에너지는 신경 시스템에 저장이 되어 이전의 장에서 논의했던 트라우마 증상을 만들어 낸다. 그렇다면 트라우마에서 어떻게 벗어날 수 있을까? 어떻게 해야 트라우마에서 얼어붙은 에너지를 풀어내어 흘러가게 할 수 있을까?

이것이 바로 우리가 12단계 트라우마 치유 프로그램으로부터 배울 수 있는 것이다.

트라우마 치유를 위한 부드럽고 단계적인 접근

다음 장에서 소개할 12단계 트라우마 치유 프로그램에서는 이 책에 수록된 부록을 함께 활용하면서, 과거 풀지 못했던 트라우마의 속박에서 풀려나는 법을 배울 수 있을 것이다.

남아 있는 생존 에너지를 방출할 수 있다면, 삶이 덜 위협적이고 덜 압도적이라고 느낄 것이다. 더 이상 공포에 사로잡히지도 않을 것이다. 얼어붙은 상태에서는 어떤 동작이라도 우리를 깜짝 놀라게 하고, 혼란스럽게 하지만, 우리가 고정된 상태에서 흘러가는 것으로 변화하게 되면, 일관성을 경험하게 된다. 즉, 삶과 다시 연결된 느낌을 얻게되는 것이다. 또한 타인과 세상과 우리 자신에 대해 좀 더 평화로움을 느낄 수 있으며, 일부는 기억 못할지라도 과거의 사건에 더 이상 얽매이지 않게 된다.

이것은 매우 중요한 사실을 나타낸다. 즉, 치유하기 위해 의식적으로 사건을 기억할 필요가 없다. 개인의 트라우마를 보는 것은 그것을 상기하는 것과는 무척 다른 일이다. 기본적으로 트라우마는 본능적인 단계에서 일어나는 것이므로, 우리가 압도당했던 사건의 기억은 뇌에 이성적인 부분으로 있는 것이 아니라 우리의 몸에 파편화된 기억으로 저장되어 있다.

감각느낌을 이용하여 '몸의 기억body memories'에 접근할 수 있다면, 그 사건 당시 사용할 기회가 없었던 본능적인 생존 에너지를 방출해 낼 수 있게 된다.

어떠한 상황이든 상관없이 이 에너지를 방출하고 변용할 수 있는 법을 배울 수 있다. 방출은 극적이고 뚜렷하거나, 미묘하고 조용할 수도 있다. 강렬한 전율이거나 아주 미묘한 내면의 떨리는 감각일 수도 있다. 혹은 뜨거움과 추움, 따뜻함과 차가움 사이의 온도의 변화로 나타날 수도 있다. 그런 연후에 좀 더 쉽게 뭔가 일이 딱 맞아 떨어진다던지, 좀 더 차분해지고 이완된 것을 알아차릴 수 있을 것이다. 아마도 전에 짜증났던 것도 그전만큼 당신을 괴롭히지 않을 것이고, 상당히 자신에게 덜 비판적이게 될 것이다. 혹은 잘 살고 있음이 미묘하게 깊어진 느낌을 받을 수 있을지도 모른다.

좀 더 심오한 변화가 나타날 수 있다. 만성 통증이 사라질 수도 있고, 전에 시도하지 못했던 것들을 할 수 있을지도 모른다. 연인 또는 다른 사람들과의 관계가 좀 더 편하고 쉬워질 수도 있다. 열정과 힘이 솟구치는 것을 경험할지도 모른다. 트라우마가 치료되면 변화가 일어난다.

트라우마에 대한 이 같은 접근은 정신요법이 아닐 뿐만 아니라, 정신요법을 대신하지도 않는다. 종종 나는 그들의 치료자가 의뢰한 사람들과 작업한다. 나에게 오는 사람들은 정신요법을 하지 않는다. 그들 대다수는 교통사고나 다른 종류의 사고를 겪고 단기 혹은 장기적인 만성 통증으로 고통받고 있는 사람이다.

정신요법은 많은 트라우마 환자에게 중요한 도구가 될 수 있다. 때로는 전문적인 도움이 필요하므로 당신은 당신의 치료사, 사회복지사, 의사 혹은 당신과 함께 작업하는 전문가에게 이 책을 같이 나눌 수도 있다.

그러나 내가 강조하고 싶은 것은 이 책과 부록에 수록된 기법을 사용하면, 많은 사람이 서로를 돕고, 당신의 아이들, 가족, 친구들을 도울 수 있을 뿐만 아니라 당신 자신만의 트라우마를 예방하고 해결할 수 있게 될 것이다.

당신의 치유 여정에 행운이 가득하기를 바란다.

몸을 통해 마음의 힘을 회복하는
12단계 트라우마 치유 프로그램

12단계 **트라우마** 치유 프로그램: 치유 연습 가이드

CHAPTER **4**

여기까지 왔으면, 이제는 연습을 해야 할 차례다. 이 장 다음에 나오는 두 개의 장이 있는데, 하나는 성적 트라우마에 대한 통찰을 제공하고, 다른 하나는 트라우마를 해결하고 치유하는 작업을 통해 당신에게 열려 있는 영적 관문을 바라보게 한다. 또한 어른과 아이들을 위한 '트라우마 응급처치'에 관한 부록도 수록되어 있다(이는 연습을 다 마친 후에 읽어 보는 것이 가장 좋다). 그러나 본문을 먼저 읽고 나서 연습을 하는 것이 더 효과적일 것이다. 연습의 일부는 본문에 요약되어 있기도 하다. 원한다면, 당신에게 도움이 되는 방법으로 할 수 있다.

처음에는 이 책에 나와 있는 순서대로 각 단계를 따라해 보는 것이 중요하다. 각각의 단계는 하나 혹은 그 이상의 연습을 담고 있다. 특히 1단계를 연습하고 나서는 하루나 이틀 정도 시간을 들여 반응이나 그 결과로 나타나는 변화가 있는지 관찰해 보도록 한다. 그런 다음 2단계를 진행한다. 다음 단계로 넘어가기 전에 효과를 지켜보기 위해 하루나 이틀 정도 시간을 두는 것을 명심하라.

기억해야 할 점은 절대로 서두를 필요가 없다는 것이다. 한 단계가 끝났다고 꼭 다음 단계로 넘어가야만 하는 것은 아니다. 오히려 각각의 단계가 끝났을 때 당신만의 연습을 계속 진행하는 것을 권장한다.

궁극적으로 모든 단계는 당신 자신의 몸의 느낌과 감각을 다시 익히도록 돕는 것이다. 트라우마를 경험한 사람들은 자신의 몸과 단절된 듯한 느낌을 갖기 때문에 이러한 연습들은 온전한 새로운 세계를 열어 주는 것과 같다. 이 과정은 시간이 걸린다. 당신이 이해하고 연습을 '끝마쳤다고' 생각하더라도, 당신의 몸이 통합되고 연습을 통한 가르침을 흡수하기까지 시간이 걸릴 수도 있다. 몸의 언어를 배우는 것은 외국어를 배우는 것과 흡사하다. 몸의 언어도 그만의 문법과 구문과 숙어가 있어 하루아침에 배울 수는 없는 것이다.

단계를 실시해 가면서 원하는 만큼 전 단계의 연습을 지속해도 된다. 예를 들어, 신체의 경계를 찾도록 돕는 1단계 연습은 규칙적으로 꼬박꼬박 실시하면 매우 도움이 된다. 첫 번째 연습을 다시 보면서 해도 되고, 아니면 식료품점에 줄을 서 있는 상황에서 간단히 연습해도 된다.

12단계를 다 끝내는 데에는 대개 1주일 반에서 2주일정도 소요된다(물론 시간이 더 걸려도 좋다). 그때에 다시 어떤 단계를 연습하고, 얼마나 자주 할 것인지 결정하는 것은 당신에게 달려 있다.

처음에 연습했을 때 그리 큰 감흥이 없었던 연습을 다시 하는 것도 더 큰 의미가 있을 것이다. 때론 나중의 단계에서 배웠던 기법이 앞 단계에 새로운 통찰을 주기도 한다.

규칙적으로 하는 특정 연습에 끌린다면, 그것을 먼저 하라. 맨 처음과 나중 단계의 연습은 특히 그라운딩*에 도움이 되는데, 그것은 압도당하거나 중심을 잃었다고 느껴질 때 언제든 할 수 있다.

이 연습을 일상으로 가져와 기법들을 내재화하고 다른 맥락에서 그것들을 연습해 보아야 한다. 12단계를 통해 깨닫게 되는 몸의 자각body awareness은 단지 풀지 못했던 트라우마에서 회복되는 것 이상을 가능하게 해 준다. 몸을 자각하며 산다는 것은 삶의 모든 면에서 살아 있음의 느낌과 삶의 목적을 주기 때문에 우리는 몸의 자각을 함양하고 이를 삶의 내재된 부분이 되도록 만들어야 한다. 몸과 단절되어 있을 때 우리는 현재에 충실히 존재하고 있지 못하다. 의미 있는 삶이란 내적 신체 상태와의 친숙함에서 솟아나는 살아 있음과 현존의 느낌에 달려 있다.

빌헬름 라이히Wilhelm Reich는 이렇게 말했다. "사랑, 일, 지식. 이것이 우리 인생의 원천이다. 인생은 또한 그 세 가지에 의해 지배되어야 한다"

---

* 그라운딩(grounding): 자신이 땅 위에 발을 딛고 존재하고 있음을 느끼는 것으로, 지면과의 연결감을 느껴보면서 안정감을 확보할 수 있다.–역자 주

결과를 얻으려면

많은 사람이 이 연습을 통해 결과를 얻으려면 얼마나 시간이 걸리는지 묻곤 한다. 대답은 상황에 따라 다르다는 것이다. 많은 사람이 즉시 이 연습의 효과를 느끼기 시작하지만, 결과는 그들이 겪은 트라우마의 형태와 양에 따라 달라진다. 즉시 변화를 느끼지 못한다고 낙심하지 말라. 왜냐하면 그게 일반적이기 때문이다. 트라우마는 우리 몸의 감각을 빼앗아간다는 것을 기억하라. 이것은 몸과 다시 연결하도록 하는 연습인데, 몸이 불편하고 아픈 곳이 많은 사람은 자신의 몸과 친해지고, 연결을 회복하는 데에 시간이 더 걸릴 것이다.

이 책에 제시된 연습들을 반복한다면, 많은 트라우마가 해결되기 시작할 것이다. 과거의 트라우마가 특히 압도적인 것이었다면, 여기에 나와 있는 기법을 사용함으로써 과거의 트라우마에 막혀 있던 에너지가 방출되면서 미래의 사건이 어떤 증상을 재발시킬 수도 있다.

트라우마를 해결하고 증상이 없어졌다가도 새로운 트라우마가 발생하면 증상이 재발하기도 한다. 그러나 이 연습을 지속적으로 해 나간 사람들은 그 결과로 더 큰 회복력을 갖게 되고, 직면하는 트라우마 증상을 헤쳐나갈 태세를 갖추는 것을 발견할 수 있었다. 이러한 신체 중심의 연습들은 실제로 처음 트라우마가 발생하기 전보다 더 당신을 강하게 만들 것이다.

스스로에게 관대하라

　문제가 되거나 연습이 방해되는 것 같다면 일단 연습을 중단하고 안정을 취해야 한다. 체험과 함께 머물며 그것이 펼쳐지는 것을 바라본다. 각 단계에 대한 설명을 읽으면서, 당신의 반응에 집중하도록 한다. 잠시 휴식을 취하고 산책을 한 후 다시 돌아올 수도 있다. 기억해야 할 것은 트라우마를 치료하는 데에는 강렬한 감정보다 신체감각이 열쇠라는 점이다.

　당신 안에서 올라오는 감정의 반응을 알아차리고, 몸에서는 이런 감정을 어떤 감각과 생각의 형태로 경험하고 있는지 알아차려본다. 분노, 공포, 깊은 무력감 등 어찌 할 수 없는 강렬한 감정이나 밀물처럼 밀려오는 충격적인 이미지, 혹은 잠재적으로 위험한 환상을 수행하려는 강박이 있는지 잘 지켜보아야 한다.

　이러한 경우에는 능숙한 전문가의 도움을 요청해야 한다. 이것은 중요하다. 전문적으로 훈련받은 치료자의 도움을 찾아보는 것을 진지하게 고려해야 한다. www.traumahealing.com에서 트라우마 작업을 하는 데 훈련받은 사람들의 명단을 찾아볼 수 있을 것이다.

안전한 장소를 찾으라

　NOTE 몸을 자각하는 이러한 연습들은 반드시 안전한 장소에서 실시해야 하고, 가능하면 배우자나 친구가 같이 있는 것이 좋다. 운전 중이나 주의를 기울여야 하는 일을 하면서 하지 않도록 하라.

때론 다른 누군가와 함께 있을 때 연습을 하는 것이 가장 좋은데, 그 이유는 인간human beings이란 존재는 특히 자신의 내면으로 주의를 집중해야 할 때에 혼자서는 철저히 안전하다고 느끼지 못하기 때문이다. 누군가가 함께 있어 준다는 것은 우리로 하여금 용감하게 내면의 여행을 떠날 수 있도록 안전감을 준다.

12단계 트라우마 치유 프로그램

GROUP 1 준비 ·· 1~3단계

처음 세 단계는 트라우마로 인해 잃어버리거나 상처받은 리소스*를 회복할 수 있도록 도와줄 것이다. 트라우마를 겪기 이전에는 감정에 압도당하진overwhelmed 않았을 것이다. 하지만 트라우마 이후에는 전적으로 감정에 휩싸이게 된다.

---

* 리소스(resource): 치유와 성장의 힘이 되는 기원으로서, 개개인이 지니고 있는 자원과 강점이다. 내적 리소스(성격, 기질, 건강, 개인적 경험, 재능, 취향), 외적 리소스(자연환경, 사회문화적 환경, 주거, 고향, 과거의 좋은 경험을 한 장소), 인간관계 리소스(가족, 친구, 동료, 동호회, 지역공동체) 등이 있으며 이것을 치료적으로 이용할 수 있다.–역자 주

트라우마를 겪으면서 몸과 분리되었기 때문에 때때로 자신의 육체적 경계를 느낄 수 없다. 이는 관계에서의 경계를 설정하는 것과 같이 삶의 다른 부분에도 영향을 미친다. 왜냐하면 당신 자신의 경계에 대한 감각이 없어 한계를 설정하는 것이 불가능하기 때문이다. 트라우마는 무엇보다도 몸과 자아, 그리고 다른 사람들과 환경과의 잃어버린 연결에 관한 것이므로, 다시 연결하도록 하는 것이 모든 연습의 핵심이다.

1 단계
"내 몸은 '그릇'이다" 연습: 몸의 경계선을 찾으라

▮ 준비

몸은 우리의 모든 감각과 느낌을 담고 있는 그릇container이다. 이는 또한 환경과 타인으로부터 우리를 구분하는 경계이기도 하다. 이 경계가 트라우마로 인해 무너졌을 때 우리는 노출되고 보호받지 못하는 것처럼 느낀다. 피부는 첫 번째 경계다. 그다음으로 근육은 자기와 타인 사이의 자아 경계의 감각을 제공한다. 이 단계에서는 손상된 부분을 회복하도록 도와, 좀 더 안전하고 온전한 느낌을 가질 수 있다. 1단계를 구성하고 있는 "내 몸은 '그릇'이다" 연습containment exercises을 시작하기 위해서는 우선 편하게 앉을 수 있는 장소를 찾아야 한다.

먼저 의자의 등받이 부분이 척추를 어떻게 지탱하고 있는지, 의자의 앉는 부분이 엉덩이를 어떻게 지탱하고 있는지 느껴 보라.

의자에 팔걸이가 있다면 내 팔의 무게가 어떻게 받쳐지고 있는지 느껴 보라.

다음으로 충분한 시간을 들여 의자의 등받이 부분이 척추를 바로 펴도록 지탱해 주는 것을 느껴 보라.

강하고 뚜렷하거나 혹은 애매모호한 느낌일 수도 있다. 애매모호한 것은 걱정하지 말라. 이 연습을 계속 해 나갈수록 더 잘 알아차리게 될 것이다. 중요한 것은 이 연습을 통해서 감각과 감정을 담고 있는 경계인 피부와 근육을 느끼기 시작하는 것이다.

2장에서는 트라우마에서 흔히 일어나는 해리 증상과 부인denial에 관해 알아보았다. 해리는 어떤 의미에서 보자면 몸을 떠나는 것이다. 완전히 분리되고, 둔하고, 조각나 있거나 혹은 실제가 아닌 것 같은 느낌을 경험할 수 있다. 트라우마를 치료하기 위해서는 느낌feelings이 담긴 그릇처럼 경험하는 몸으로 안전하게 돌아갈 수 있는 법을 배워야 한다. 지금부터 간단하게 회복을 돕는 몇 가지 연습을 시작할 것이다.

▌연습

NOTE 이 연습의 어떤 부분에선 마사지할 수 있는 샤워기와 실 뭉치를 준비하는 것이 도움이 될 것이다. 샤워기가 없다면 우선 이 연습을 진행한 후 샤워기를 구입해서 샤워기 연습으로 되돌아가라.

두드림 연습　오른쪽 손가락으로 왼쪽 손바닥을 부드럽게 두드리는 것으로 시작한다. 나의 몸의 일부라는 감각이 들도록 여러 번 두드린다. 그런 다음 두드리는 것을 멈추고 손바닥의 감각을 시간을 들여 느껴 본다. 어떻게 느껴지는가? 따끔거리는 느낌인가? 진동이 느껴지는가? 둔한 느낌인가? 뜨겁거나 차가운가? 느껴지는 것이 무엇이든 잠시 느껴 본다.

자, 그리고 손을 보고 이렇게 말을 한다. "이것은 나의 손입니다. 내 손은 내 것입니다. 내 손은 나의 일부입니다"(더 큰 부분에 속해 있는 것처럼 자신이 소유하고 있는 부분이라는 생각이 들도록 하는 말이라면 어떤 말이라도 괜찮다)

다음으로는 손을 뒤집어 손등을 두드리기 시작한다. 다시 한 번 어떤 감각이 있는지 느껴 본다. 잠시 그 감각을 따라가 어떻게 변하는지 느껴 본다. 내 소유라는 느낌을 가장 잘 표현할 수 있는 말을 사용해 보도록 한다.

팔, 다리, 종아리, 허벅지, 배, 엉덩이, 등, 목, 얼굴 그리고 머리에 이르기까지 몸의 모든 부분을 따라가며 이 연습을 지속한다. 이 연습을 끝마치는 데 필요한 만큼 시간을 들여서 한다. 다음 부분으로 넘어가기 전에 잠시 멈추고 편안한 느낌이 드는 한 지속할 수 있다.

초반의 피부 경계 느끼기 연습은 한 시간 정도 걸릴 것이다. 중요한 것은 나 자신을 마주하는 능력을 기르고 **자신만의**own 내성영역*을 인식해 여러 번에 걸쳐 안전영역을 조심스럽게 늘리는 것이다.

샤워기 연습　자, 피부 경계를 느끼는 다른 연습을 해 보자. 그 전에 우선 샤워기가 없다면 비싸지 않은 것으로 하나 구입한다. 편안한 온도와 적당한 세기를 갖춘 샤워기 정도면 괜찮다. 샤워기를 손에 대고 그 리듬을 느껴보며 다시 이렇게 말한다. "이것은 나의 손입니다. 내 손은 내 것입니다. 내 손은 나의 일부입니다"

다시, 적당한 느낌이 드는 말을 사용한다. 그다음 손등으로 물을 대고 연습을 반복한다. 손등이 아닌 다른 여러 부위로 연습을 해도 좋다. 두드림 연습과 과정은 똑같지만, 다른 점은 두드리는 것 대신 물의 압력을 사용한다는 것이다.

경계선 연습　실 뭉치나 끈을 가지고 바닥에 편안하게 앉는다. 몸의 전면, 양옆, 뒷면에 초점을 맞추며 자신의 개인적인 경계를 어디서 느끼는지 주의를 기울여 보도록 한다. 다시 말하자면, 누군가 이 경계에 가까이 다가왔을 때, 당신은 불편하게 느껴지기 시작할 것이다. 실이나 끈을 사용해서 느껴지는 부분을 표시한 것

---

* 내성영역(window of tolerance, 耐性領域): 다니엘 시겔(Daniel Siegel)이 그의 책 『The developing mind』(1999)에서 사용한 용어로서, 강렬한 감정과 평정한 상태 모두를 아우르며 조절할 수 있고, 경험을 통합할 수 있는 자율신경계의 최적의 각성 상태(optimal arousal state)를 일컫는다. 이 내성영역은 상하의 역치가 있어서, 내성영역을 벗어나면 교감신경 우위의 과각성 상태(충동적, 안절부절, 공포스러움, 분노, 침습적인 영상과 정동, 회상, 악몽, 극도로 위험한 행동들)와 부교감신경 우위의 저각성 상태(무기력, 죽은 듯한 느낌, 사고능력의 저하, 해리, 무력감, 희망 없음)의 증상이 나타나며, 이것으로서 트라우마로 인해 나타날 수 있는 양 극단의 제반 증상들을 설명할 수 있다. 체험중심 트라우마 치료에서는 내성영역을 조금씩 확장해 나감으로써 자율신경계의 증상들을 내성영역의 범위 안으로 확보하여 통합할 수 있게 하는 것을 목표로 한다.-역자 주

이 당신의 개인적인 경계선이다. 누군가와 함께 있을 때, 이렇게 이야기하며 연습할 수 있다. "이것은 나의 경계입니다. 내가 당신을 초대했을 때에만 이 안으로 들어올 수 있어요"

근육 연습　자, 이제 당신은 피부 경계와 그 부분의 그릇으로서의 감각을 느껴보았다. 이제 좀 더 단단한 그릇에 초점을 맞춰 볼 것이다. 좀 더 깊은 경계인 근육이다.

시작하기 위해 오른손을 왼쪽 팔뚝 옆에 놓는다. 근육의 밀도와 형태를 잘 느낄 수 있을 정도로 부드럽게 꽉 근육을 쥐어 본다. 그러면서 이 말을 다시 반복한다. "이것은 나의 근육입니다. 이것은 나의 일부분입니다. 이것은 내 느낌과 감각을 담고 있는 더 깊은 그릇입니다"

다음으로, 어깨로 옮겨가 몇 번 쥐어보고, 쥐었을 때 생기는 긴장감과 그것을 풀었을 때 이완되는 느낌을 알아차려 본다. 각각의 근육을 당신만의 리듬으로 쥐었다 풀어보라.

처음 이 연습을 할 때에는 느낌을 얻기 위해 좀 더 강한 압력이 필요할 수도 있다. 하지만 당신의 근육이라는 느낌이 들 정도의 압력이라면 충분하다. 그런 다음에는 몸의 각 부분을 느끼고 근육을 쥐어 보면서 실제로 그릇이 된 몸과 느낌의 경계를 느껴보기 시작한다.

몸의 각 부분과 그것이 다른 모든 부분과 어떻게 연결되어 있는지 다시 알게 하기 위해 충분한 시간을 들여 반복해야 함을 기억하라.

피부 두드리기 연습에서처럼 몸의 각 부분에게 확인하는 말을 해 주는 것이 도움이 될 것이다. 각 근육을 느낄 때마다 그것이 어떻게 당신의 전체 몸에 연결되어 있는지 천천히 정답게 말을 한다. 근육을 쥘 때 그것이 하는 일을 언급하는 것도 도움이 될 것이다. 예를 들어 "이것은 나의 종아리 근육입니다. 이것은 내가 땅에서 있도록 돕습니다. 이것은 내가 빨리 뛸 수 있도록 돕습니다"라고 말할 수 있다.

이 연습을 한 번 하는 것만으로도 많은 변화를 경험할 수 있겠지만, 여러 번 할수록 많은 깨달음과 편안함을 얻을 수 있기 때문에 반복하는 것이 도움이 된다. 또한 이 프로그램의 다른 연습과도 결합하여 연습하면 도움이 될 것이다.

이 연습을 하고 그릇으로서의 몸의 감각이 쌓이게 되면 불편한 감각과 분리되어 있던 느낌을 수용할 수 있는 능력이 커짐을 알 수 있다.

 더 자세한 내용은 부록을 참고하라.
["내 몸은 '그릇'이다" 연습: 몸의 경계선을 찾으라]

2 단계
그라운딩과 센터링*

▌준비

트라우마는 사람들을 그들의 몸과 분리시킨다. 사랑은 우리를 꼼짝 못하게 만들지만, 트라우마는 우리를 무력하게 만든다. 그라운딩과 센터링은 자신의 몸에서 자연스럽게 사용할 수 있는 리소스를 가지고 직접적으로 재연결할 수 있도록 해 준다. 몸의 행동과 느낌의 근원지인 센터와 지면ground과의 관계를 재설정하는 것은 중요하다. 트라우마에서 이 기능들은 위태로워진다. 트라우마로 인해 사람들은 그들의 지면을 잃어버리므로, 지면을 재설정하는 법을 익히는 것은 치료의 중요한 부분이 된다. 프로그램의 각 연습들을 하기 전에 자기 자신을 그라운딩하고 센터링한다면, 감정, 감각, 생각들로 인해 쉽게 중심이 무너지지 않는다는 느낌과 안전감을 확립하는 데 도움이 될 것이다.

이 단계에서는 연습을 위해 의자가 필요하다. 또 다른 연습에서는 동물이 필요하다. 애완동물이 있다면 가까이 두라. 만약 애완동물이 없다면 편안하게 해 주는 친구의 동물을 빌려도 괜찮다. 물론 이 연습을 먼저 하거나 건너뛰어도 괜찮다.

---

* 센터링(centering): 자신의 몸에서 가장 중심이 되는 부분을 느껴보는 것이다. 몸의 상하와 전후의 중간부분(단전부위)을 느껴보면서 자신의 중심감각을 가질 수 있다.−역자 주

▌연습

지면 위에 서서 단순히 발을 느껴 보는 것으로 시작한다. 다리의 탄력과 단단함을 알아차려 본다. 부항 컵처럼 다리가 지면에 닿는 방식을 느껴 본다. 다리를 단단히 고정한 채로 발목에서부터 천천히 흔들거리는데, 먼저 좌우로 해 보고 그다음 앞뒤로 흔들거린다. 이 동작은 상부 골반 부위에 있는 중력의 센터 지점을 알아내는 데 도움이 된다. 손을 아랫배에 대고 중력의 센터를 느껴 본다. 부드럽게 계속 움직이면서 느껴 보도록 한다.

의자 연습   발을 지면이나 바닥에 대고 앉는다. 20층에 있어도 상관없다. 손을 아랫배에 대고 발과 다리를 통해 지면에서부터 에너지가 올라오는 것을 느껴 본다.

동물 연습   당신 자신을 그라운드하도록 돕는 또 다른 방법은 동물과 함께 연습하는 것이다. 동물은 전적으로 자연스럽고 그라운드되어 있으며 본능적이다. 도시에서 길러진 푸들조차도 본능이 있다. 때론 고양이가 얼마나 몸이 유연한지 보는 것만으로도 그라운드 감각을 얻을 수 있다. 트라우마를 입은 사람들은 이런 이유로 애완동물을 기르기도 한다.

손을 동물의 몸에 대거나 머리를 동물의 가슴에 대면 더욱 친밀감 있게 연습할 수 있을 것이다. 동물의 평온함을 느껴 보라. 심장소리를 들어 보고 호흡하는 것을 느껴 보라. 동물 고유의 자연스러운 리듬에 맞춰 당신의 몸을 느껴 보라. 당신과 동물 둘 다 편안

해하는 만큼 오래 이 연습을 해도 된다. 조금만 해도 눈에 띄는 효과를 볼 수 있다.

 더 자세한 내용은 부록을 참고하라.
[그라운딩과 센터링]

3 단계
리소스 만들기

▮준비

모든 사람everybody은 다 리소스를 갖고 있다. 모든 몸every body에도 리소스가 있다고 말할 수 있다. 리소스란 무엇이고, 어디에 있는 것인가? 리소스는 신체적, 감정적, 정신적, 영적인 웰빙의 느낌을 지지해 주고 길러 주는 것이나 사람이다. 이는 뚜렷할 수도 있고 감춰져 있을 수도 있다. 왕성하거나 잊혀져 있을 수도 있다. 그것들은 외적이거나 내적일 수 있고 혹은 둘 다일 수도 있다. 외적 리소스의 예로는 자연, 친구, 가족, 동물, 운동경기, 춤, 음악, 다른 표현예술 등이 있다. 내적 리소스로는 힘, 민첩성, 지능, 영적인 경험, 고유한 재능, 본능적인 지혜, 탄력적인 신경 시스템 등이 있다.

사람이 트라우마를 입으면 보호와 방어하는 본능적인 리소스가 부분적으로나 전체적으로 압도되어 버린다. 단 한 번의 트라우마 사건으로도 리소스를 잃어버리거나 잊어버릴 수 있다. 만약 트라우마가 유아기 성격 형성기나 초기 아동기에 발생했다면, 이 연습을 시작하는 데에 이용할 수 있는 리소스는 매우 적을 것이다.

리소스 만들기 연습을 하는 동안 몸의 내재된 리소스를 되찾고 새로운 것을 발견하게 될 것이다.

이 연습을 위해선 종이와 펜이 필요하다.

▌연습

종이 한 장을 준비한다. 일기를 쓰고 있다면 일기장의 한 페이지를 사용해도 좋다. 종이 한 면을 세로로 길게 나누어 좌, 우 두 개의 공간으로 나눈다. 한쪽에는 당신의 외적 리소스를 적기 시작한다. 다른 한쪽에는 내적 리소스 목록을 적는다.

여러 번 반복하면서 각 리스트를 추가하도록 한다. 사람과 신체 활동 같은 리소스가 부족하다는 것을 알았다면 태극권 수업에 참여하거나 산책할 친구를 구해서 고립된 생활에서 벗어나 좀 더 활동적이고 관계 지향적으로 살도록 할 수 있다.

두 번째 그룹의 연습 과정tracking skills으로 들어가면서, 자신이 평안과 안심감을 주는 리소스를 얼마나 충분히 가지고 있는지 알게 될 것이다.

리스트를 작성하기 어렵다면 트라우마를 통해 겪은 것을 회상하는 시간을 잠시 가져 본다. 어떻게 극복했는가? 지금 현재의 자리에 있도록 가장 많이 도와준 것은 무엇인가? 힘겨운 삶의 투쟁을 견뎌준 내적인 힘은 무엇인가? 조기 학대를 당했다면 어린 시절 트라우마로부터 살아남을 수 있도록 도와준 사람 혹은 물건은 무엇인가? 멀거나 모호하거나 약하게 보일지라도 가능한 리소스들을 상상하고 느껴 보는 시간을 잠시 가져 본다. 조금씩 조금씩 당신은 잃어버린 줄 알았던 리소스가 나타나고, 새로운 것을 찾고, 약했던 것이 강해지는 것을 알게 될 것이다.

더 자세한 내용은 부록을 참고하라.
[리소스 만들기]

GROUP 2 트래킹 기술 ···························· 4~6단계

첫 번째 그룹의 연습에서 감각과 느낌을 담는 것을 배우고, 센터의 감각과 몸의 경계를 회복하기 시작하였다. 지금부터 제시하는 세 단계 연습 후에는 배신감을 덜 느끼고 몸에 의해 좀 더 지지받는 느낌을 받을 수 있을 것이다.

다음 세 단계 동안 내적인 신체 경험의 언어를 배울 것이다. 지금까지 아마도 당신의 몸은 얼어붙은 것 같거나 공포로 마비되거나 수치심과 무력감으로 무너지는 것처럼 느꼈을 것이다. 이 다음

단계에서는 어디서 무너질 것 같은지 몸의 어디가 긴장이 되고 수축이 되는지 느껴보고, 느낌과 동작을 통해서 나타난 감각을 정상화하기 시작할 것이다.

　이 단계에서는 에너지가 너무 많거나 부족한 부분을 몸으로 느껴 막혀 있던 에너지가 흘러갈 수 있는 통로를 만들어낼 것이다. 막혀 있던 부분을 찾으면, 풀려 나갈 준비를 한다. 왜냐하면 이러한 각 부분은 지속되고 완결되기 위해 준비된 움직임이자 에너지이기 때문이다.

---

4 단계
'감각느낌'으로부터 특별한 감각을 트래킹*하기

▌준비

　이 연습을 시작하기 전에 **감각느낌**felt sense의 핵심적인 개념을 완전히 이해하는 것이 중요하다. 『내 마음 내가 안다Focusing』의 저자인 유진 젠들린Eugene, T. Gendlin은 '감각느낌'이라는 말을 만들었는데, "감각느낌은 정신적인 것이 아니라 **신체적**physical인 체험으로 어떤 상황이나 사람 혹은 사건에 대한 몸의 알아차림을 말하며, 주어진 시간 동안 주어진 사물에 대해 느끼고 아는 모든 것을 포괄하는 내적인 아우라"라 하였다.

---

* 트래킹(tracking): '지금 무엇이 일어나고 있는가'를 인식하면서 현재 체험하고 있는 내용과 흐름을 관찰하고 따라가는 것을 말한다.—역자 주

감각느낌은 우리가 체험하는 감각의 전체를 통한 매개체라고도 말할 수 있다. 모든 사건은 개인적 부분과 하나된 전체로서 체험이 된다. 트라우마를 치료하기 위해 필요한 본능을 이용하기 위해서는 감각느낌을 통해 알게 된 트라우마의 지표들을 확인하고 이용할 수 있어야만 할 것이다.

몸과 감각에 의식을 기울이는 것은 좀 더 강렬하게 체험할 수 있도록 해 준다. 예를 들어, 의자나 소파 혹은 앉아 있는 곳에서부터 오는 것이 아닌, 편안한 감각느낌에서 오는 편안함이라는 체험을 알아차리고 느껴 보는 것이 중요하다. 가구 가게에 방문하면 곧 알게 되는 것처럼 직접 앉아서 그것이 어떤지 느껴 보기 전까진 편안한 의자인지 아닌지 알 수 없는 것이다.

감각느낌은 당신의 체험을 형성하는 거의 모든 정보를 혼합한다. 의식적으로 알지 못하더라도 감각느낌은 그 순간에 당신이 어디에 있고 어떻게 느끼는지 말해 주고 있다. 감각느낌은 개개의 부분의 관점에서 일어나고 있는 것을 해석하기보다는 유기체의 전반적인 체험을 전달해 주고 있는 것이다. 환경에 반응하는 방식으로 그 환경의 뉘앙스를 이해하는 살아 있는 몸의 체험이라 말하는 것이 감각느낌을 가장 잘 설명하는 방법이다.

움직이면서 풍경이 변하는 강물과 같이, 감각느낌은 주변 상황과 공명하며 그 특징이 변한다. 바위가 많고 가파른 땅이면 강물은 힘차고 활기차게 바위와 파편들을 깨면서 소용돌이치고 거품을 일으키며 흘러간다. 평평한 곳에서는 아주 천천히 흘러서 강물이 움직이는지 아닌지 모를 정도다.

이와 같은 방법으로 한 번 그 환경을 감각느낌으로 이해하고 깨달을 수 있다면 자신이 있는 곳이 어떤 상황이라도 잘 어울릴 수 있을 것이다. 흐르는 강물처럼 감각은 환경에 맞추어 형태를 갖춘다.

신체적(외적) 감각인 시각, 청각, 후각, 촉각, 미각은 감각느낌을 구성하는 정보의 한 요인이다. 다른 중요한 데이터는 위치하고 있는 자세, 갖고 있는 긴장, 만들어 내는 움직임, 온도 등 몸의 내적인 알아차림에서 비롯된다. 감각느낌은 우리의 생각에 영향을 받아 변할 수 있다. 생각보다는 오히려 느끼는 것에 의해 변할 수 있다.

감정은 감각느낌에 영향을 주지만, 대부분의 사람들이 믿는 것만큼 중요한 역할은 하지 않는다. 슬픔, 화, 공포, 혐오, 기쁨과 같은 감정은 강렬하고 직접적이다. 이러한 타입의 감정은 종류가 제한적이어서 쉽게 인식되고 이름 붙일 수 있다. 이것은 감각느낌 같은 것이 아니다.

감각느낌은 쉽게 바뀌는 뉘앙스를 풍기는 복잡한 집합체를 포괄한다. 우리가 체험하는 느낌은 말로 전달하는 것보다 훨씬 더 정교하고, 복잡하다.

다음 문구들을 읽을 때 글로 표현된 것보다 얼마나 더 많이 느끼고 체험하는지 상상해 보라.

- 단풍으로 물든 높은 산의 산꼭대기를 바라보는 것
- 부드러운 하얀 구름이 점점이 퍼져 있는 파란 여름 하늘을 보는 것
- 야구 경기장에 가서 셔츠에 머스터드를 떨어뜨린 것

- 바위와 절벽으로 부서지는 파도가 흩날리는 바다를 느끼는 것
- 한 방울의 새벽이슬을 머금고 있는 아침 장미나 풀의 가장자리를 만져보는 것
- 브람스 협주곡을 듣는 것
- 전통 민속 노래를 부르고 있는 밝은 아이들을 바라보는 것
- 시골길을 따라 걸어가는 것
- 친구와의 대화를 즐기는 것

감정이 없는 하루를 지내는 것은 상상할 수 있겠지만, 감각느낌이 없이 사는 것은 생각할 수 없다. 그것은 불가능하다. 감각느낌 없는 삶이란 살아 있음의 가장 기본적인 경험을 짓밟는 것이다.

감각느낌은 때론 모호하고, 복잡하고, 변하기도 한다. 그것은 끊임없이 움직이고, 옮겨가고 변한다. 그것은 우리의 지각이 바뀔 정도로 강도와 명료함이 달라진다. 변화가 필요하다면 필요한 만큼 그런 과정이 주어질 것이다.

감각느낌을 통해서 움직일 수 있고, 새로운 정보를 얻고, 다른 것들과 밀접한 연관을 맺어 궁극적으로는 우리가 누구인지 알 수 있는 것이다. 너무나 당연시하고 있어 때론 의도적으로 보기 전까지 존재하고 있는지조차 알지 못하는, 인간으로서 존재함을 체험하는 데 있어서 필수불가결한 것이다. 감각느낌을 주마등처럼 체험하고 이런 끊임없는 흐름을 받아들일 수 있는 정도라면, 당신은 트라우마에서 벗어나 살아 있음을 생생하게 느끼는 삶으로 들어갈 수 있을 것이다.

묘사하기와 감각을 트래킹하기 4단계를 연습하기 전에 당신이 어떻게 느끼는지 묘사할 수 있는 단어들을 알려 주고자 한다. 이것은 신체적 감각을 알아차리고 묘사하는 것을 잘 익힐 수 있도록 해 줄 것이다. 누군가 당신에게 잘 지내냐고 묻는다면, "괜찮아" 혹은 "그리 나쁘진 않아"라는 식으로 모호하게 대답하곤 했을 것이다.

그러나 "괜찮다는 느낌은 내 몸의 어떤 감각으로 알 수 있는가?"라고 자문해 보라. 그러면 몇 가지 정보를 더 알게 될 텐데, 예를 들면 "머리가 무거운 것 같아. 왼쪽 어깨가 얼얼한데. 그리고 손은 따뜻해"라는 것들이다.

공포는 심장박동이 빠르거나 위장에 뭔가 걸려 있는 것으로 느낄 수 있다. 얼마나 더 자세하게 묘사할 수 있는지, 얼마나 더 몸과 연결되어 있는지 본다. 처음에는 다른 나라 언어처럼 느껴질 테지만 연습을 할수록 쉬워질 것이다.

아래는 신체감각을 묘사하는 데 도움을 주는 용어들이다.

뻑뻑한	두꺼운	흐르는
숨 막히는	파닥거리는	예민한
메스꺼운	넓어지는	떠 있는
무거운	얼얼한	전기 오듯 찌릿찌릿한
부드러운	둔한	경직된
어지러운	가득한	충혈된
광활한	떨리는	확 움직이는

쪼이는	뜨거운	들떠 있는
아픈	흔들리는	평온한
숨 막힐 듯한	윙윙거리는	힘이 넘치는
벌벌 떠는	수축된	따뜻한
울퉁불퉁한	얼음장 같은	가벼운
막혀 있는	공허한	차가운
분리되어 있는	축축한	흘러가는

 감정과 생각으로부터의 감각을 구별하는 것은 그것을 몸에서 찾아보고 직접적인 신체적 방법으로 경험한다는 것이다. 예를 들어 불안할 때 "내가 불안할 때, 내가 불안하다고 느끼는 것을 어떻게 알 수 있는가?"라고 물을 수 있다. 다르게 말하자면, 그것을 몸 어디에서where 느끼고 있는지 그리고 정확한 신체적 감각은 무엇인지, 조여듬인지, 수축되는 것인지, 뭔가 걸린 듯한 것인지, 그것도 아니라면 떨리는 느낌인지 또는 심장이 고동치는 것인지, 호흡은 어떠하며, 위장에 나비가 있는 것 같은지 등이다. 그리고 이러한 모든 감각을 '불안'이라고 말할 수 있다. 감각을 다루고 찾아내는 힌트는 '그것은 반드시 몸에 있다'는 것이다. 크기가 있다. 형태가 있다. 단단함, 광활함, 수축됨, 열, 차가움, 진동 혹은 따끔거림 등의 구체적인 신체감각이 있다.

 자, 이제는 4단계를 연습해 보자.

▌연습

NOTE 이 연습에서는 당신에게 특별한 물건(사람이나 이미 지여도 괜찮다)이 필요하다. 이 물건이 연습의 초점이다.

트라우마를 입으면, 몸을 안전한 장소로 느끼지 못한다. 위험한 곳처럼 느껴진다. 이번 연습은 자신만의 페이스와 내면의 리듬을 발견하고, 조절하고, 회복할 수 있는 자신의 내재된 능력을 믿게 해 주는 것이다. 당신의 몸 안에서 상대적으로 안전하고 편안한 부분을 찾도록 도와줄 것이다.

의자나 바닥처럼 앉기에 편안한 장소를 찾는다. 눕는 것보다는 앉아서 시작하는 것이 나은데, 왜냐하면 누워 있으면 감각과 느낌이 좀 더 빨리 올라와 어려워질 수 있기 때문이다. 그리고 운전 중에는 이 연습을 절대로 하지 않도록 한다.

연습을 하면서 감각이 너무 강렬해지면 천천히 멈춘다. 여기에 있는 모든 연습을 계속하면 점차 내성이 생긴다는 것을 기억하라.

편안함을 주거나 특별한 의미가 있는 물건을 가져와서 시작한다. 그것은 돌이나 크리스털, 꽃, 애완동물, 좋아하는 그림이나 사진일 수 있다. 혹은 조용히 당신 곁을 지켜줄 수 있는 믿을 만한 친구여도 좋다.

자, 이제는 당신의 몸이 체험하고 있는 감각에 귀 기울여 본다. 의자나 바닥이 당신의 무게를 어떻게 지탱하고 있는지 느껴 보라. 피부에 옷이 닿는 느낌을 알아차려 보고, 피부 아래에 있는 근육을 느껴 본다. 당신의 발이 바닥과 기반과 그리고 땅을 통해 어떻게 그라운드되고 있는지 알아차려 보라. 온몸 전체로 전해지는 그라운드의 감각을 느껴 본다.

이제는 안전감을 주는 물건으로 눈을 돌려 천천히 주의를 당신의 몸과 당신 앞에 있는 그 물건 사이에 왔다 갔다 한다. 예를 들어 당신 앞에 돌이 있다면 몸이 경험하고 있는 감각을 느끼면서 배경으로서 돌을 바라 본다. 그런 다음 앞에 있는 이미지는 거리를 두면서 몸에서 경험하고 있는 것을 좀 더 알아차리도록 주의를 옮겨 본다.

당신의 물건이 당신을 좀 더 단단하고, 중심을 잡고 그라운드되도록 느끼게 해 주는지 스스로에게 물어 본다. 이런 감각을 몸 어디에서 느끼고 있으며, 그런 신체적 감각은 무엇인가? 물건과 몸의 감각 사이를 왔다 갔다 옮겨 가며 당신만의 리듬으로 몇 분 정도 지속해 보라.

자, 이제는 몸에서 편안함이 느껴지는 내면의 감각으로 옮겨 가 그곳의 감각을 살펴보는 시간을 가져 본다. 편안한 감각이 어디에서 시작되는가? 아마도 긴장하던 근육이 느슨해지기 시작하거나, 가슴 주변으로 넓어지는 느낌이거나 배에서 따뜻함을 느낄 수도 있다. 처음에 불안하게 느끼고 있었다면 이 느낌은 조금은 변했을 것이다.

이러한 감각을 지켜보며 변하는 것을 따라가 보자. 처음에 나타났던 것만큼 느껴지진 않을 것이다. 역으로 너무 많이 느낄 수도 있다. 감각과 리소스로 선택한 편안한 물건이나 이미지 사이를 주의를 오가며 필요에 맞도록 조정해 보도록 한다. 당신이 조절할 수 있다는 것을 기억하라.

갈등 해방 연습   외부 사물과 신체의 내적 감각 사이를 오가며 편안함을 느껴 보았다면, 다음 단계의 연습을 소개하겠다. 지난 며칠간 가장 당신다웠던 적을 기억해 보았으면 한다. 아마 당신의 참모습이나 그렇게 되기를 원하는 당신처럼 가깝게 느껴졌던 순간일 것이다. 평소보다 왠지 더 즐겁고 덜 불안하게 느꼈을 것이다.

그 기억을 생각하면서 판단하지 않고 다시 몸에서 어떤 것이 체험되고 있는지 알아차려 본다. 그저 알아차려 보라. 진자처럼 단지 이미지나 기억과 몸의 현재 감각 사이를 리듬 있게 오가면 된다.

다음으로 지난주나 지 지난주에 일어났던 어떤 것을 생각해 보는데, 그것 역시 가장 당신답게 느껴졌을 때를 떠올려 본다. 다시 그저 단순히 그 순간의 기억이나 머릿속의 그림과 지금 현재의 몸에서 체험하고 있는 것 사이를 오가며 알아차려 보라. 장면이나 기억, 신체감각 사이를 오가며 판단하지 말고 그저 잠시 이 과정에 머물면서 알아차리도록 해 본다.

다음으로, 좀 더 먼 과거로 가서 지난달에 가장 당신답다고 느꼈거나 당신이 되고 싶은 당신 자신의 모습처럼 느껴졌던 상황을 생각해 본다. 그때를 생각하며 마음의 눈으로 그 장면을 떠올리면서, 다시 한 번 그 장면과 신체감각 사이를 오가는 시간을 가져 본다. 기억과 감각, 감각과 기억 사이를 오가는 알아차림의 리듬을 느끼면서 진자처럼 왔다 갔다 해 본다. 몸 전체에서 알아차릴 수 있게 감각이 확장되도록 허용한다.

자, 이제 천천히 눈을 뜨고 방으로 되돌아오기 시작한다. 준비가 되었으면 천천히 눈을 뜨고 당신 앞에 있는 특별한 물건을 응시한다. 그저 물건을 바라보며 밖에서 물건을 관찰하는 것과 내적인 경험 사이를 오가며 몸에서 느껴지는 진자운동의 리듬을 다시 한 번 느껴 본다.

세상으로 되돌아오면, 손으로 근육을 쥐거나 몸의 다른 부분을 부드럽게 두드리며 경계선 연습을 하고 싶어 할지도 모른다.

 더 자세한 내용은 부록을 참고하라.
['감각느낌' 으로부터 특별한 감각을 트래킹하기]

5 단계
활성화 트래킹하기: 감각, 이미지, 생각 그리고 감정

▌준비

전 단계에서 트래킹했던 감각을 이해했거나 중요하게 생각하고 있는 것을 알아차렸다면 5단계에서도 트래킹 연습을 지속하면서 다음에 나오는 기술을 시도해 본다. 생각이 올라와 불쾌하게 활성화되면 스스로에게 이렇게 말해 본다. "이건 단지 생각일 뿐이야. 지금 내 몸에선 뭐가 일어나고 있지?"

당신 자신을 몸으로 오게 함으로써 그 생각이 신체감각에 주는 영향을 따라갈 수 있다. 생각을 생각임을 알지 못한다면, 두려움, 불안 혹은 공포로 느낄 정도로 불쾌한 감각이 증가할 수 있다. 다른 말로 말하자면, 당신 자신을 몸으로 돌아오게 한다면, 생각하고 있음을 알고, 단지 그것은 생각일 뿐이라는 것을 알 수 있게 된다. 긴장을 일으키는 생각을 알아차리지 못한 채 긴장하기 시작한다면, 점점 더 파국으로 치닫게 되어 나쁜 일이 일어날 거라고 믿게 될 것이다. 그리고 그때엔 갑자기 긴장감이 증가하여 두려움, 불안, 심지어는 공포를 느끼게 될 것이다.

자세히 살펴보면, 부정적인 생각과 몸의 긴장이 서로를 강화시켜 이것들이 실제로 두려움과 공포의 상태를 만들어 내는 것을 볼 수 있다. 이것들의 관계를 알게 되면 생각에 휘둘리지 않고 나타나는 몸의 감각을 잘 따라갈 수 있을 것이다.

다음 문장을 연습하면서 어떤 이미지든지 떠오르는 대로 따라가라. 이미지들은 시각, 청각(소리나 목소리), 미각(맛), 후각(냄새), 혹은 촉감(터치)일 수 있다. "나에게 _____ 이미지가 떠오를 때 몸에서 어떤 감각이 느껴지는가?"

트라우마를 헤쳐 나가는 핵심은 각성을 일으키는 감각, 사고, 이미지와 감정을 분리하는 법을 배우는 것이다. 습관적인 트라우마 패턴에 갇히지 않고 변해가는 대로 감각을 알아차리고 따라갈 수 있다면, 강한 반응을 일으켰던 생각과 이미지들은 더 이상 당신을 좌지우지 하지 않게 될 것이다.

다음 단계는 당신에게 강한 감정을 일으키는 이미지를 가지도록 지시에 따라 연습할 것이다. 기억해야 할 것은 압도당할 것 같으면 언제든 연습을 중단하고 잠시 후나 며칠 후에 다시 시도해도 된다는 것이다.

▌연습

 더 자세한 내용은 부록을 참고하라.
[활성화 트래킹하기: 감각, 이미지, 생각 그리고 감정]

 6 단계
진자운동 하기: 확장과 수축의 리듬을 따라가기

▌준비

우리는 새로운 상황에 맞닥뜨리면 그 상황에 관심을 집중하게 된다. 하지만 트라우마를 입은 사람들은 그들의 트라우마에 고착되어 버리는 경향이 있어 새로운 상황마저 과거의 사건과 연결하고 위축된다. 이러한 위축을 풀 수 있는 열쇠는 감각이 변하기 시작할 때까지 단지 그 감각과 함께 있는 법을 배우는 것이다.

고착된 감각에 접촉한다면, 그것은 변하기 **시작할**will begin 것이다. 왜냐하면 그것이 모든 감각의 본성이기 때문이다. 그러나 처음 그 위축된 부분에 접하려 할 때는 두려움이 올라올 수도 있다. 실로 그 감각은 좋아지기 전에 나빠지는 것처럼 보이는데, 처음에는 이것을 직접 경험할 수 있다. 그 감각과 함께 계속 머물면 확장과 수축의 사이클 안에서 점점 나빠지다가 다시 좋아질 것이다.

중요하게 알아야 할 것은 확장과 수축의 감각 사이를 진자처럼 왔다 갔다 오갈 수 있다는 것이다. 이것은 당신이 더 이상 갇혀 있지 않다는 뜻이다!

다음 연습에서는 소리 내는 것을 같이 하면 막힌 것을 좀 더 빨리 풀 수 있을 것이다. 깊게 숨을 들이마시고 '부~~~~' 하는 소리를 내면서 숨을 깊이 뱉어 낸다. 그런 다음 다시 가득 차게 새 호흡을 한다. 확장과 수축을 왔다 갔다 하면서 좀 더 편안하게 느껴질 때까지 소리 내는 것을 계속한다.

한 번 진자운동 하는 것을 성공적으로 배운다면, 끝없는 감정의 고통처럼 보였던 것이 감당할 만하고, 끝이 있는 것처럼 느껴지기 시작할 것이다. 이 같은 변화는 두려움과 무력감에서 호기심과 탐험으로 옮겨가는 것이다. 당신이 할 일은 과잉 자극에 빠지거나 지루해하지 않고 그저 당신 안에서 일어나고 있는 일을 관찰하는 것을 배우는 것이다.

다음 연습에서는 일어나는 일을 해석하거나, 분석하거나, 설명하려고 애쓰지 말기 바란다. 그저 경험을 하고 적어 놓으라. 문제가 되는 기억, 감정, 통찰 등등을 기억해 내려 하는 건 불필요한 일이다. 떠오른다면 괜찮다. 하지만 보다 중요한 것은 해석이나 감정적인 접촉 없이 그것들을 그저 관찰하라는 것이다. 바라보라. 그리고 흘러가도록 내버려 두라. 오면 받아들이라. 이것이 당신의 감각느낌 언어를 배우는 가장 중요한 방법이다. 강둑에 앉아 흘러가는 강물을 그저 바라보는 것처럼 말이다.

▌연습

자, 적당히 불편하게 느꼈던 경험을 떠올려 보도록 한다. 쇼핑을 하고 난 후나 퇴근길 집으로 돌아오는 길에 차 안에 있다고 상상해 본다. 차분하지만, 집으로 가기를 바라고 있다. 당신 앞에 있는 차들이 천천히 가고 있다는 것을 발견한다. 브레이크를 밟아 천천히 정지한다. 교통체증에 걸렸다.

너무 멀리 있어 막힌 이유를 알 수가 없다. 자, 지금 당신이 체험하고 있는 감각느낌이 어떤지를 알아차려 보기 바란다. 교통체증에 막혀 있을 때 나타나는 일상적인 짜증이 느껴진다면, 잠시 앉아서 몸에서 어떤 것이 느껴지는지 바라 본다. 다른 말로 말하자면, 당신의 몸이 어떻게 그리고 어디에서 짜증을 느끼는지 주의를 집중해 본다. 그런 다음 그것이 옮겨가기 시작할 때까지 신체적 감각에 초점을 맞추고 확장과 수축의 리듬을 바라 본다.

만약 부록에 있는 이 연습을 하는 도중 압도당하거나 깊게 동요된다면, 연습을 멈추고 한참 후에 다시 되돌아온다. 어떤 사람에게는 이 연습이 너무 활성화될 수 있다. 당신이 그렇다면 이 연습을 멈추고, 최근에 있었던 즐거운 경험에 집중하거나, 그저 앉아 있거나 잠시 산책을 다녀와 평정을 되찾도록 한다.

더 자세한 내용은 부록을 참고하라.
[진자운동 하기: 확장과 수축의 리듬을 따라가기]

GROUP 3 활성된 것을 방출하기 ·················· 7~10단계

이 세 번째 그룹의 연습에서는 두 가지 기본적인 생존반응인 '싸움-도주 반응'을 가지고 세션을 진행할 것이다. 이전 그룹에서 연습했던 트래킹 기술을 가지고, 싸우거나 도망칠 때 끝내지 못한 반응의 결과가 우리 몸 어디에 갇혀 있는지 살펴보게 될 것이다. 이러한 미완의 반응은 쓰러지는 경향이 있다. 다른 말로 하자면, 싸우거나 도망치지 못한다면 신경계의 자동적인 선택은 마비되거나 기절하는 것이다. 이것이 단지 우리가 생존하는 방법이다.

자연스러운 공격과 도주 반응을 할 수 있게 되면 움직임과 행동을 끝내도록 억압되고 붕괴되었던 에너지에 새로운 통로를 만들 수 있게 된다. 이렇게 막혔던 에너지가 전 유기체에 회복되면, 창조하고, 성취하고, 소통하고, 협력하고 나누며 좀 더 충만하게 살 수 있게 된다. 단지 생존할 수 있게 되는 것이 아니라, 기본적으로 사회적 동물인 우리가 살고 있는 균형 잡힌 세상으로 돌아오게 되는 것이다. 미완의 싸움-도주 반응으로 얼어붙음과 정지 상태에 묶여 있던 에너지에 접근함으로써 공포와 마비와 두려움을 떨쳐 버리고 현재로 돌아오게 된다.

7 단계
싸움 반응: 자연스러운 공격 vs. 폭력

▌준비

공격은 위협받을 때 우리를 보호하기 위해 선천적으로 타고난 리소스다. 그것은 삶의 바람과 목표를 향하여 움직일 수 있게 하는 동력이기도 하다. 사람들이 트라우마 상태가 되면 움직일 수 없는 마비 상태가 되거나 급작스럽게 분노를 폭발한다. 이것 때문에 삶을 효과적으로 영위해 나가기 위한 건강한 공격을 하지 못한다.

자연은 우리를 다른 동물과 마찬가지로 정지 상태에서 벗어나 우리 스스로를 방어할 필요가 있을 때 공격할 수 있도록 디자인했다. 이것이 당연한 이유는 포식자가 아직도 거기에 있다면 반격만이 우리의 삶을 방어할 수 있는 전부일 것이기 때문이다. 트라우마 입은 사람들은 일반적으로 그들 자신의 공격성을 두려워하게 된다. 이런 이유로 부동화 상태immobility에서 벗어나기 시작할 때 그들은 이러한 목숨을 구하는(구명)life-saving 타고난 공격 반응을 억누른다. 이러한 억누름은 그들을 다시 마비 상태로 돌려놓는 결과를 가져온다. 그러므로 공격성이 제대로 표출되지 못하면 그들은 삶에 다시 참여하는 것을 두려워하게 된다.

때로 트라우마를 입은 사람들은 아무것도 느끼지 못하거나 분노를 느끼는데, 그러한 분노는 적절하지 못한 방법으로 표출이 된다. 건강한 공격성이 어떤 것인지 감이 오기 시작하면, 극단적인 무감각과 분노는 좀 더 건강한 방향으로 가기 시작할 것이다. 다음의 연습은 건강한 공격성과 힘을 느낄 수 있도록 도와줄 것이다. 이 같은 방법으로 연습하는 것은 감정이 표면으로 떠오를 수 있도록 긍정적인 통로를 열어 준다. 모든 연습은 센터링과 그라운딩을 한 후에 한다.

7단계 연습을 할 때에는 두 사람이 필요하다. 믿음직한 친구나 가족과 함께 연습을 해 나간다.

▌연습

손으로 밀기 연습   이 연습에서는 미는 사람과 받쳐 주는 사람 두 명이 필요하다. 한쪽 손바닥을 상대방의 손바닥에 편안하게 갖다 댄다. 당신이 미는 사람이라면, 당신의 센터에서 올라오기 시작하는 힘과 근력을 느끼기 시작한다. 그러고나서 받쳐 주는 사람에게 천천히 압력을 가하기 시작한다. 균형을 유지하면서 원하는 만큼 밀어 본다.

받쳐 주는 사람의 역할은 그저 그 자리에 있으면서 미는 사람의 힘을 반영하며 압력을 유지할 정도로 저항을 주는 것이다. 어느 정도의 눈맞춤은 유익할 수 있으나 너무 과하면 압도당할 수 있다.

이번에는 미는 사람과 받쳐 주는 사람의 역할을 바꾸어서 해 본다. 당신이 받쳐 주는 사람의 역할인데, 미는 사람이 넘어가려 하거나 뒤로 물러나려는 것이 느껴지면, 미는 사람이 다시 힘을 회복하는 것을 느낄 때까지 눈맞춤을 줄이도록 한다. 미는 사람이 균형을 유지할 수 있도록 이따금 조금씩 저항을 줄여 본다.

등 밀기 연습　그라운딩된 느낌을 유지하면서 상대방의 등에 당신의 등을 맞댄다. 위와 아래 등이 내면에서 지지하는 힘을 느껴 본다. 지지하고 있는 동안 미묘한 떨림이나 흔들림을 경험한다면, 그저 그 일이 일어나도록 놔둔다. 당신이 필요한 모든 시간을 들인다. 그런 다음 천천히 밀기 시작한다. 첫 번째 연습처럼 미는 사람은 받쳐 주는 사람이 저항에 대항할 만큼의 힘을 결정할 수 있다. 당신의 다리와 중심에서 나타나는 힘을 느껴 보라.

이번에는 미는 사람과 받쳐 주는 사람의 역할을 바꾸어서 해 본다.

　더 자세한 내용은 부록을 참고하라.
[싸움 반응: 자연스러운 공격 vs. 폭력]

8 단계
도주 반응: 자연스러운 탈출 vs. 불안

▌준비

도망칠 수 없는 상황에 빠져 있다고 깨닫기 때문에 트라우마를 입는 경우가 있다. 우리의 자연스러운 탈출 반응은 좌절되거나 압도당해 버렸다. 그렇기에 트라우마를 입은 사람은 삶의 다양한 영역에서 막혀 있고 두렵다는 느낌을 가지고 살게 된다.

마찬가지로 과거 위협을 당했을 당시에 얼어 버렸다면, 그와 비슷한 상황에 맞닥뜨렸을 때도 또다시 얼어붙어 버릴 것이다. 이와 같이 꼼짝 못해 버리면 미래에 대해서도 막연한 두려움을 느끼게 된다. 다시 말하자면, 위협당했을 때 도망칠 수 있다는 확신이 든다면 두려움은 해소될 수 있다는 것이다. 당신은 더 이상 압도당하지 않는다. 이 연습은 필요할 때 도망칠 수 있는 감을 얻을 수 있도록 해 줄 것이다.

▌연습

편안한 의자에 앉아 발밑에 단단한 베개를 받쳐서 당신 자신을 그라운드시킨다. 눈을 감고 당신을 향해 맹렬히 돌진하고 있는 개코원숭이를 상상한다. 베개 위에서 달려 보면서 다리의 힘을 느껴 본다. 이 동작을 할 때에 다리와 몸에서 어떤 일이 일어나고 있는지 관찰하면서 있는 그대로 알아차려 본다. 큰 바위 꼭대기의 안전한 장소에 도달할 때까지 달린다. 이제 피했다. 개코원숭이는 흥미를 잃고 어슬렁 사라진다. 따뜻한 바위 위에 차분히 앉아 있는다. 호흡과 심장박동을 느껴 본다. 떨리거나 흔들리기 시작한다면 그냥 그대로 일어나도록 놔둔다.*

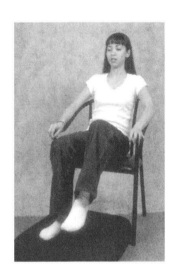

당신이 달아나고 싶고 막고 싶었던 현재나 과거의 다른 상황을 상상해 볼 수도 있다. 이러한 상상을 하면서 다시 달리는 반응을 해 볼 수 있다. 한 가지 제안하고 싶은 것은 연습을 하기 전에 달아나고 싶은 안전한 장소나 사람을 미리 생각해 두는 것이 좋다. 방 안에 같이 있는 사람 중에서 믿을 만한 사람도 좋다.

 더 자세한 내용은 부록을 참고하라.
[도주 반응: 자연스러운 탈출 vs. 불안]

---

* 어떤 감각이든 환영하는 자세로 몸에서 어떤 일이 일어나도 관찰하듯이 그저 지켜보라는 의미다. —역자 주

9 단계
힘과 회복력 vs. 붕괴감과 패배

▌준비

트라우마를 입은 사람들은 삶이 붕괴될 것 같다고 느끼는데, 이는 위협에 대한 미완의 반응일 수 있다. 이러한 붕괴 반응을 온전히 경험하며 끝맺게 함으로써 어떤 상황에 직면하더라도 힘과 회복력을 되찾을 수 있다. 이렇게 해서 반응이 마무리되면 붕괴감과 관련된 우울한 상태가 남게 되지 않는다.

▌연습

감정이 격해지거나 창피를 당하는 상황이 오면 우리의 몸은 무너져 버릴 것 같다. 어깨는 앞으로 굽고, 눈이 아래로 내려가며 횡격막이 복부로 꺼져 버린다. 이러한 붕괴감을 몸에서는 어떻게 경험하는지 그대로 느껴보기 바란다. 원한다면 좌절했거나 창피했던 순간을 떠올려도 좋다. 단지 그 이미지를 이용하여 몸에서는 어떻게 무너지고 있는지 느껴 본다.

쓰러지지 않으려고 애쓰기보다는 조금씩 몸이 그대로 무너지는 것을 따라가되, 매순간 마음챙김 상태로 있어야 한다. 그런 다음 마지막에 이르러 갈 때까지 다 갔을 때, 등이 바로 서기 시작할 것이다.

이는 등의 가장 아래 척추에서 시작된다. 척추 하나하나가 바로 서면서 등이 세로로 천천히 펴지기 시작한다. 등 아래에서부터 시작하면서 천천히 움직인다. 위로 올라가 중간 등이 퍼지기 시작한다. 그런 다음 머리가 길어질 때까지 목을 꼿꼿이 세운다. 드디어 당신은 수직으로 가지런해졌다. 그것은 마치 당신의 모든 척추가 서로의 꼭대기 위에 하나씩 포개어져 쌓인 느낌일 것이다.

이제 머리 꼭대기에 눈에 보이지 않는 밧줄이 있다고 상상한다. 당신을 하늘로 끌어 올려 모든 척추가 좀 더 길어지고 위로 늘어나도록 한다. 가슴의 감각을 느껴 보고, 아마도 자신감인 듯한 열리거나 확장되는 감각이 있는지 바라보라. 쓰러지지 않으려 맞서는 것이 아니라 그것이 마무리되도록 움직임을 따라가 보라는 것이다.

 더 자세한 내용은 부록을 참고하라.
[힘과 회복력 vs. 붕괴감과 패배]

10 단계
부동화 반응으로부터 두려움 분리하기

▍준비

동물은 위협을 받으면 움직이지 못하게 되는데, 이 반응은 시간 제한적이다. 부동화 상태에서 빠져나올 때 눌려 있던 에너지는 도망치거나 역습을 하는 데 사용될 수 있다. 인간은 이러한 부동화 반응에 눌려 있던 에너지가 너무 강해 놀랄 정도다. 미완의 부동화 반응을 끝마칠 수 있는 핵심은 반응 그 자체로부터 두려움을 분리시키는 것에 달려 있다. 몸 안 어딘가에 필요한 곳으로 정체되어 있던 에너지를 풀어 버리는 것이다.

부동화 반응 저변에 깔려 있는 힘과 공포, 분노, 무력감 같은 트라우마의 감정들은 절대적으로 생물학적인 에너지다. 어떻게 이 에너지에 접근하고 통합하느냐가 계속 꼼짝 못하고 격렬한 상태로 있거나 아니면 이것을 던져 버리고 빠져 나오느냐를 결정한다. 우리는 우리를 위해 할 수 있는 것들이 많다. 두려움과 싸울 수도 있다. 생각하고 인식할 수 있는 고도로 발달된 능력을 최대로 이용하여 감각느낌을 통해 의식적으로 트라우마 반응에서 나올 수 있다. 이러한 과정은 갑자기 일어나는 것보다 점진적으로 천천히 일어나는 것이 바람직하다. 한 번에 한 단계씩 조금씩 가는 게 가장 좋다.

얼어붙음 반응을 끝마치려는 충동은 얼마나 오래 그 장소에 있었는지와는 상관없이 활성화된 채로 남아 있다. 이 충동의 힘을 활용하는 법을 배우는 것이 트라우마 증상을 해결하는 가장 큰 조력자가 된다. 이 충동은 지속적이다. 완벽하게 하지 못한다 할지라도 항상 우리에게 다른 기회를 주고 있을 것이다. 핵심은 생물학적인 부동화 반응으로부터 두려움을 분리해서 의미 있는 행동을 함으로써 그 자체의 반응을 마무리 지을 수 있도록 하는 것이다.

┃연습

더 자세한 내용은 부록을 참고하라.
[부동화 반응으로부터 두려움 분리하기]

GROUP 4 완성: 평형 상태로 돌아가기 ·········· 11~12단계

전 그룹의 연습에서 막혀 있던 에너지를 방출하였기 때문에 이제는 평형 상태로 되돌아갈 수 있다. 그러나 이런 평형 감각은 익숙한 것이 아니기 때문에 훈련할 필요가 있다.

오리엔테이션은 현재와 사회적 관계 속에 머물 수 있도록 하는 중요한 역할을 한다. 처음에 싸움 혹은 도주 반응에서 벗어나면, 지금 여기로 돌아와 우리가 처한 환경에 있는 사물들 및 유기체와 의미 있는 관계를 맺게 된다. 때론 고요함에 익숙지 않아서 그것을 어떻게 해야 할지 모른다.

트라우마를 입은 사람에게 균형과 온전함의 감각은 너무나 놀라운 것이어서 '정체성의 위기identity crisis'를 불러올 수 있다. 더 이상 수치심과 공포, 좌절로 차 있지 않기 때문에 자기 자신이 아닌 것 같다는 생각을 할 수도 있다.

평형 상태를 느끼면서 되돌아오기 시작한다면, 다음과 같은 확언을 사용할 것을 제안한다. 그저 여러 번 스스로에게 이렇게 말하라. "집으로, 마침내 집으로 왔다Home, home at last" 균형과 현존의 장소는 궁극적으로 우리 각자가 속해 있는 그곳임을 기억하라.

11 단계
오리엔테이션: 내면에서 외부 환경과 사회적 관계 속으로 옮겨가기

▌준비

트라우마를 입으면 목전에 처해 있는 환경을 보고, 듣고, 냄새 맡고, 인지하는 등 현재에 머무르지 못하게 된다. 당신의 신경 시스템이 균형을 되찾아가기 시작한다면, 오리엔팅 반응*은 자연스럽게 되살아나기 시작할 것이다. 다음 연습은 이러한 과정을 도와줄 것이다.

▌연습

앞에서 제시한 모든 연습에서는 당신의 내면에서 일어나는 일에 집중을 했었다. 그것을 다시 하듯 다음에 나오는 몸의 알아차림이나 신체감각 연습을 하도록 한다. 밖의 세상으로 돌아와서 눈을 뜨면, 그냥 그대로 당신의 눈이 원하는 것을 하고, 둘러보고, 오리엔트 하도록 하라. 그것이 관심, 호기심 그리고 탐험을 하도록 하는 조직화된 기본 신경 시스템이다. 또한 트라우마 반응을 해결할 수 있는 해결책이기도 하다.

신경 시스템은 트라우마 상황과 동시에 탐험적으로 흥미를 가

---

* 오리엔팅 반응(Orienting response): 다른 말로는 정위반응(定位反應)이라고 한다. 인간을 포함한 동물은 새로운 자극이 주어지면 그 쪽을 바라보거나 몸을 트는 등의 새로운 자극에 대한 주의 반응을 한다. 자극에 따라 다가올 위험을 감지하고 예방하기 위한 일종의 생존 반응이다.-역자 주

지고, 찾고, 바라볼 수는 없다. 트라우마는 이러한 반응들과 공존할 수 없다. 만약 다른 사람이 주변에 있어 내면의 연습을 하는 것에서 돌아와 그 사람과 접촉을 하고 싶다는 기분이 든다면 그냥 그 사람을 바라 본다. 재차 말하지만 이것은 자연스러운 반응이다. 우리가 트라우마로 사로잡혀 있지 않다면, 자연스럽게 자연 환경과 우리와 관계 맺고 있는 사람들에게 손을 뻗어 접촉하려 할 것이다. 모타운Motown 노래에 이런 구절이 있다. "한 사람이 어둠 속에 홀로 서 있네…… 두 사람이 불빛을 환히 비추네"

 더 자세한 내용은 부록을 참고하라.
[오리엔테이션: 내면에서 외부 환경 및 사회적 관계 속으로 옮겨가기]

12 단계
진정하기와 통합하기

▎준비

트라우마 반응에서 빠져나오면, 현존과 평온함의 새로운 감각으로 당신을 이끌어주는 도구가 필요할 것이다. 다음의 연습은 당신을 당신의 몸과 현존의 상태로 안착시키는 데 매우 많은 도움이 될 것이다. 북미 원주민의 전통에 있는 말을 진심으로 믿고 사용하면 좋을 것이다. "나를 도와주는 미지의 것에 감사합니다. 이미 그 여정에 와 있습니다"

언제든 길을 잃거나 두려운 느낌이 든다면, 이 말이 도움이 될 것이다.

▎연습

다음 일련의 동작은 각성된 이후 평정을 되찾게 하는 데 도움을
준다. (2단계) 그라운딩 연습을 하고, 다음 일련의 사진을 따라 하
는데, 편안하게 느껴지는 만큼 각각의 포즈를 취한다. 각 포즈가
끝난 후엔 그 느낌에 좀 더 머물러 몸에 간직하도록 잠시 시간을
갖는다. 심박 수와 호흡에 어떤 변화가 있는지 느껴 본다. 떨림이
나 흔들림을 경험한다면 일어나도록 그냥 놔둔다. 어떻게 해서든

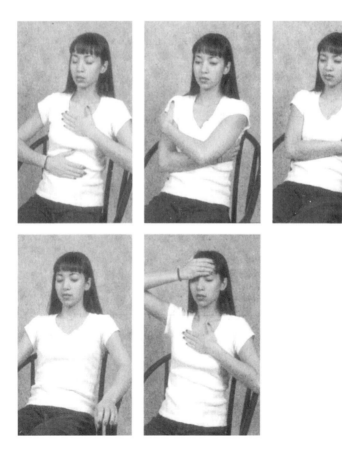

안절부절 못하고, 불편하게 느껴질 때마다 이 사진의 동작을 취할 것을 권한다. 또한 이 자세에 편안해지면 깊은 잠이 들 수 있다. 휴식을 취하고, 회복하고, 치유의 여정으로 이끌어가는 꿈을 꾸게 하는 깊은 잠의 세계로 말이다.

 더 자세한 내용은 부록을 참고하라.
[진정하기와 통합하기]

HEALING TRAUMA

몸을 통해 마음의 힘을 회복하는
12단계 트라우마 치유 프로그램

성적(性的) 트라우마:
성(聖)스러운 상처 치유하기

CHAPTER 5

기억은 선택된 이미지다. 어떤 건 잊혀지지만, 어떤 건 뇌리에 박혀 있다.
이미지들은 실과 같다. 실들이 서로 엮어져 복잡하게 얽힌 태피스트리를 만든다.
그리고 그 태피스트리는 이야기를 말해 준다. 그 이야기는 우리의 과거다……
다른 사람들처럼 나는 보는 재주가 있다.
그러나 진실은 빛에 따라 색깔이 달라진다.
그리고 미래는 어제보다 더 선명할 것이다.
– 영화 〈이브의 시선Eve's bayou〉에서, 카시 레몬즈Kasi Lemmons 감독

충격적인 통계다. 전 세계적으로 4명 중 한 명이 어린 시절 성적으로 학대를 당한다. 보수적으로 추정한 것인데도 말이다. 여성의 경우 훨씬 더 확률이 크다. 성인도 얼마나 많이 성폭력을 당하는지 추측만 할 수 있을 뿐이다. 성적 트라우마는 우리 사회의 가장 심각하고 풀지 못한 이슈임에 틀림없다.

게다가 성적 트라우마는 어린아이가 직접적인 폭행을 경험하지 않더라도 다른 것들에서부터 유래할 수 있다. 트라우마를 입힐 것이라고 생각치도 못한 사건에 의해 성적 트라우마가 생길 수 있는데, 이를 알아차리지 못할 수 있다.

예를 들어 산부인과에서의 절차를 생각해 보라. 거칠고 둔하게 다루어지면, 골반과 복강 내 기관의 생체 기관과 에너지 시스템이 성학대 희생자에게 일어나는 것과 별반 다르지 않게 충격에 빠져 버린다. 심지어 어린 시절 거칠게 체온을 재거나 관장을 하는 것

도 정서적인 상해가 될 수 있다.

성 기관과 내부 장기에게 자행되는 침습적인 수술과 마찬가지로 낙태도 종종 트라우마를 경험하게 만든다. 이러한 '침해violations'는 생명력을 잃게 하고, 성적 연결과 쾌락을 느낄 수 있는 힘을 감소시키고, 다른 트라우마 증상을 만들어 낸다.

이제부터 어린 시절 성적 학대와 트라우마의 악영향을 보여 주는 중요한 과학적 연구를 살펴볼 것이다. 학대받은 아이가 자라고 성장하면서 성인기로 이행됨에 따라 심리적, 관계적 그리고 혹은 신체적 문제 역시 불가피하게 나타난다.

성적 트라우마 다루기

트라우마와 성학대는 가장 긴급한 사회 문제로, 이는 히스테리아와 정치로 양극화하기보다는 편향되지 않은 과학적인 조사로 연구되어야만 한다. 비극적이게도 수백만의 사람이 성적 트라우마로 상처받고 있다. 트라우마를 이해하고, 예방하고 치유하기 위해 과학적 연구와 연민 어린 접근이 둘 다 필요하다.

모든 성적 트라우마는 침해에 관한 것이다. 이러한 침해의 결과는 다음과 같은 형태를 나타낼 수 있다.

- 성스러운 영역의 침범
- 개인적, 정서적, 성적, 에너지 경계의 파손

- 연약한 내부 장기의 충격
- 공허하고 더럽고 상처받은 기분
- 깊고, 설명할 수 없는 수치스러움과 죄책감
- 깊게 지지해 주는 관계를 형성할 수 없음
- 얼어붙거나 멈춰버린 듯한 느낌
- 격노, 증오, 공포와 같은 격렬한 감정
- 극단적인 소외감(환경, 인류, 자기와 연결되어 있지 못한 느낌)

트라우마와 애착

트라우마로 인해 무섭고, 화가 나고, 수치스러운 내적인 경험을 갖게 된다. 트라우마 상황에서 위협당한다고 느껴지면, 우리의 모든 기관은 위협의 근원을 찾고 무언가를 하려고 태세를 갖춘다. 자연스레 외부에서 위협의 근원을 찾고 있는 것처럼 보인다. 대개의 동물들은 위협을 당하면 그 위협의 근원이 어디에 있고 무엇인지 탐색하여 그것으로부터 도망쳐 안전한 곳으로 간다.

그러나 어린 포유동물은 도망가는 것보다는 엄마와 같이 자신을 보호해 주는 어른 포유동물에게 달려간다. 이와 비슷하게 갓난아기와 유아들은 위험하다고 느끼면 그들의 애착 대상에게 매달린다. 그러나 어른 동물과 인간 사이엔 확실히 중요한 차이점이 있다. 그것은 모든 연령을 막론하고 인간은 두렵거나 스트레스를 받으면 위안을 주는 대상을 찾는다는 것이다.

여기서 우리는 우리를 사랑하고 보호해 주는 사람들이 또한 우리를 상처 주고, 모욕하고, 폭력을 휘두르는 사람이라는 극한 딜레마에 봉착하게 된다. 이것이 자기에 대한 근본적인 감각과 자신의 본성에 대한 믿음을 약화시키는 맹점을 만들어 낸다. 세상에 대한 안전과 안정감과 대인관계는 어린 시절 학대에 의해 점차 약화된다. 왜냐하면 깊은 갈등을 겪게 만드는 이러한 어린 시절의 좌절이 성인에 이르러서까지 생존패턴으로 유지되기 때문이다.

유산의 변용

성에 대해 부정적인 문화에서 살고 있다는 것이 문제해결에 도움이 되는 것은 아니다. 일반적으로 간과하고 있는 것은 성 에너지와 삶의 동력 에너지는 사실상 하나이고, 같은 것이라는 사실이다. 열정적으로 삶을 살아가고 있는 사람들 주위에는 고무되고 희망이 샘솟는 듯한 창조적인 에너지가 흐르고 있다. 인생이 긍정적이고 흥미진진하다. 반짝거리며, 창조적인 충만감으로 살아간다. 평범하기보다는 두드러진다. 왜 그럴까? 창조적인 삶의 원동력이 무엇이길래? 그것은 어디에서 나오는 것인가?

인도 문화에 '두 번째 챠크라 에너지second chakra energy'라 일컬어지는 게 있는데, 이것은 우리의 성 기관에서 나온다. 음유시인이 노래하고, 위대한 작곡가가 작곡하고, 건축하고, 그림을 그리고, 극장을 건설하고 우리를 기쁘게 하고 세월을 거슬러 전해지는 문

학작품을 만들도록 자극하는 에너지다. 창조와 생식生殖 모두의 에너지인 것이다.

불행하게도 이러한 잠재적인 힘에 대한 두려움이 많기 때문에 사회 종교적인 기관에서는 그것을 어떻게든 꺾으려고 한다. 정상적인 느낌과 감각에 뚜껑을 씌우면 그것은 병리적이 된다. 수용하는 대신 살아 있고 숨 쉬는 인간 존재가 이러한 느낌을 가지고 무엇을 할 수 있는지 아는 것은 어려운 일이다. 어떤 생각, 감정, 감각이 적절한지 아닌지 강요하는 시도는 죄책감과 수치심의 온상을 만들어 낸다.

생각은 생각이고, 감각은 감각이다! 부적절하게 표출될 필요가 없다. 도덕적인 잣대가 없어지면 그들 고유의 삶의 에너지를 자유롭게 경험하고 알 수 있게 된다. 부정과 억압의 방어 메커니즘이 더 이상 필요 없을 때 성에 대한 건강한 결정과 표현이 좀 더 자연스럽게 된다. 말할 수 없었던 것을 말할 수 있게 되면, 가족은 상처 주는 행동 대신에 건강한 행동을 형성하는 모델이 될 수 있다.

건강한 성

어린아이의 발달에는 중요한 두 단계가 있다. 초기 유아기와 청소년기다.

4세에서 6세 사이에 아이들은 그들의 반대 성의 부모에게 특별한 유대감과 매력을 느낀다. 사실 이러한 현상은 그리스 신화에서 오이디푸스와 일렉트라 이야기에서 보인 불행한 결과를 가져온 풀리지 않는 딜레마이기도 하다(물론 새롭게 혼합되어 동성의 가계에서 보일 수도 있는데 이 단계는 다르게 나타날 것이다).

아들이 엄마와 그러는 것처럼 딸은 특히 5살 전후에 통상적으로 아빠와 사랑에 빠진다. 이것은 정상이고 건강한 발달과정이다. 이 나이 때의 어린아이는 반대 성의 부모에게 '알랑flirt' 거린다. 어른에게 통용되는 성적인 의미로 추파를 던지는 것이 아니라 발달과정상의 연습이다. 다시 말해서, 이런 종류의 행동은 후에 청소년기 때의 레퍼토리를 형성하는데, 안전하다고 여겨지는 집에서 먼저 연애 놀이를 유도하고 '연습practicing' 해 보는 것이다. 이 시기에는 어린 소녀가 아빠에게 이렇게 말할 것이다. "아빠, 사랑해요. 아빠랑 결혼해서 아이를 가지고 싶어요"

여리고 연약한 이 시기에 건강한 발달을 돕는 것은 아빠가 부드럽게 이런 식으로 말하는(그리고 뜻하는) 것이다. "나도 역시 널 사랑한단다. 아가야. 그런데 아빠는 엄마와 결혼을 했어. 너는 커서 네게 특별한 사람과 결혼을 할 수 있고, 네가 원한다면 그의 아이를 가질 수 있단다"

때론 아이의 이런 순수한 행동(진실로 순수하다)을 잘못 보고 형편없는 것으로 취급하기도 한다. 아이의 성이 발현되도록 부모가 돕는 대신, '특별한special' 관계를 촉진하는 연인과 같은 반응을 나타내기도 한다. 그렇게 되면 장난스런 애정행동이 부모에 의해 어색하고 부적절하게 되어 버린다. 이런 '연애courting' 행동은 아이에겐 너무나 혼란스럽고 때론 격렬하게 느껴질 수 있는데, 부모에게도 역시 두려운 것이다. 명확한 세대 간의 경계가 매우 중요한데, 어린 시절 성적 트라우마를 입은 어른에게는 이 경계가 약하다.

일찍이 이러한 교훈을 알지 못한다면, 성 발달 단계에서 다음으로 중요한 단계인 청소년기 때에 부모-아이 간의 관계가 갑자기 조각나 버릴 수 있다. 이 시기에 부모는 그들이 젊어서 사랑에 빠졌던 배우자와 비슷한 활짝 핀 젊은 숙녀와 청년—그러나 아마도 더 아름답거나 더 잘생긴—을 마주하게 된다. 부모가 자신의 성을 불편해하고 서로를 성적으로 대하지 못했다면 십대에 대한 이런 급작스런 끌림은 근친상간 공포^{incest panic}를 야기할 수도 있다.

특히 부녀관계에서는 실제적이고 위협적일 만큼 아버지가 딸에게 끌리기도 한다. 이러한 두려움 때문에 아버지는 돌연히 신체적 접촉을 끊고 멀어지고 차가워진다. 이 전형적인 시나리오의 경우, 딸은 자신의 새롭고 취약한 성정체성과 자아로 인해 아버지로부터 버려지고 거부되었다고 느끼게 된다.

다른 연령 때에는 아버지가 실제로 딸에게 성적으로 행동할 가능성이 있다. 부적절하게 딸을 만지거나 어른의 깊은 키스처럼 딸에게 키스를 하기도 한다. 이런 행동은 딸과 아버지 둘 다 당황하게 만든다. 비극적으로 여기서 더 진행되기도 한다.

이러한 곤란한 그러나 흔한 (불가피하지 않다면) 성적 감정은 어떻게 조절할 수 있을까? 이런 '상상할 수도 없는^{unthinkable}' 감정을 억누른다면 화산 속의 압력처럼 되어 은연중에 아이들은 가족관계에서 긴장감을 느끼게 된다. 다른 선택은 무엇일까? 억누르고 있으면 이런 강한 에너지는 왜곡되어 불감증, 발기불능, 중독이나 건강 문제와 같은 증상들로 왜곡될 수 있다. 성적인 방식으로 표출된다면 난잡해질 것이다.

성적인 감정 조절하기

건강한 개인들은 위와 같은 증상은 나타나지 않는다. 색다른 접근을 해 보자. 솔직하고 연민 어린 마음으로 12단계 트라우마 치유 프로그램을 하면서 배웠던 감각느낌을 이용한다면 이 에너지를 조절할 수 있다. 먼저 이런 감각이 떠오르면 그것이 무엇인지 알아차리고, 그것은 인류가 공유하고 있는 경험의 한 부분이라고 수치스럽지 않도록 받아들이자.

다음으로는 이 감각이 진자운동을 하면서 순수한 에너지의 파장처럼 움직이도록 하라. 그러면 에너지는 창조적인 발산을 통해 자유로워지거나 적합한 대상으로 옮겨간다. 놀랍도록 짧은 순간에 이런 갈등이 옮겨질 수 있다.

이것을 설명한 간단한 예가 있다. 어린 아들에게 기저귀를 채우는 것을 무서워하는 젊은 아버지를 도와준 적이 있다. 같이 치료 세션을 진행할 때 나는 그에게 생각이나 판단 없이 떠오르는 감각에 집중하도록 했다. 그러자 좋아하던 할아버지에게 성추행을 당했던 매우 어린 소년을 기억해냈고, 그 성적인 감각은 분노로 변했다. 처음에 이 감각은 그로 하여금 할아버지에게 분노를 느끼도록 했다. 분노가 서서히 수그러들자 해방의 눈물이 흘러나왔다. 자신이 나쁜 사람이 아니라는 걸 알게 되자 안도하게 되었다.

집에서 아내를 쳐다보았을 때 감각이 변하는 것을 알아차렸다. 그가 느꼈던 성적인 감각이 대신 아내로 빨리 향하게 되어 기뻤고, 자신의 어린 아들도 사랑과 보살핌, 자부심을 가지고 바라볼 수 있게 되었다.

요약하면, 부모가 그들 자신의 감각을 체험하는 것을 덜 두려워하고, 적절한 경계를 세우고 아이들의 건강한 성 발달을 위해 필요한 것이 무엇인가에 대한 이해가 바로 선다면, 어색하고 긴장감 있는 가족관계가 좀 더 편안해질 것이다. 그러면서 부모는 어떠한 발달단계에 있더라도 아이들에게 로맨틱하거나 성적이 아닌 따뜻함과 애정을 가지고 대할 수 있게 된다.

사춘기가 되어 십대들은 자신의 애정관계를 부적절하게 느껴, 거부하고 억압했던 부모로부터 받지 못한 사랑을 얻고자 강박적으로 문란해지거나 성 경계가 침범당하는 것을 재현할 가능성이 적어질 것이다. 이런 방식으로 세대 간의 성적 트라우마 사이클은 중단되고, 새로운 삶의 긍정적인 에너지의 유산이 전달될 수 있다.

마지막으로 두 부모 모두 동성이거나 편부모 가정에서도 성공한 사례가 있다는 사실을 알리고 싶다. 당신의 가족이 양성 부모 가정이 아닐지라도, 여기서 소개한 아이디어가 당신의 상황에 적절하리라 생각한다.

몸을 통해 마음의 힘을 회복하는
12단계 트라우마 치유 프로그램

영성과 **트라우마:**
깨달음으로 가는 길

CHAPTER 6

자기 자신을 잃어버리면, 다시 나타날거야.

그리곤 갑자기 알게 되겠지. 더 이상 두려워할 것은 없다는 걸.

– 밥 딜런Bob Dylan

불교와 도가의 전통에 따르면, 섹스, 명상, 죽음, 트라우마는 공통적인 잠재력이 있다고 한다. 이들 모두는 깊은 내맡김과 깨달음의 촉매 역할을 하는 위대한 관문이다. 불행하게도 우리 대부분은 이러한 강력한 스승에게 받은 기회를 이용할 준비가 되어 있지 않다.

먼저 섹스를 살펴보자. 우리 대부분이 잠깐의 성적 극치감과 성적인 자극, 유혹을 경험하긴 하지만 비아그라 이후의 미국에서는 섹스가 줄 수 있는 깊은 영적·감정적 내맡김을 경험할 수 있는 가능성이 어려워졌다.

명상은 깨달음으로 가는 또 다른 길이지만, 많은 위대한 전통에서 명상의 실천을 통해 '자아의 소멸ego-death' 이라 일컫는 것을 얻기 위해선 수년간의 헌신이 필요하기 때문에 이 방법을 사용해서 성공에 이른 사람은 매우 드물다.

우리에게 평화를 주는 마지막 기회인 죽음의 과정은 대개 의사,

약, 기계에 의존하고 있다. 지지적이고 의식적으로 준비를 했음에도 불구하고, 죽음의 순간에는 영적인 내맡김을 좀 더 빨리 하지 못한 것에 대한 후회로 무색해지기 일쑤다.

내맡김과 변용

트라우마는 깨달음으로 가는 네 번째 길이다. 직면할 수밖에 없었던 트라우마로부터 우리 자신을 변용하고 해방하는 것은 새로 태어난 아이, 미지의 세계를 보는 것과도 같다. 안전의 환영이 벗겨진 세계는 우리로 하여금 전적으로 새로운 삶의 방식을 배우게 한다. 그 세계에서는 우리의 본능적인 에너지가 도망치고 지체할 수 없는 폭력에만 사용되는 것이 아니라는 것을 알게 된다. 그것이 우리의 **영웅적인 에너지**heroic energies다. 그리고 그것은 조절할 수 있다. 트라우마에서 치유되어 해방된 에너지는 우리를 창조적, 예술적, 시적인 감수성의 원천과 지성의 온전함으로 나아가도록 한다.

트라우마는 좌절된 본능에 관한 것이다. 본능은 말 그대로 항상 존재한다. 그것이 적절한 범위 안에 있을 때, 우리는 '영원한 현재eternal now'에 내맡기는 것이다. 몸과 마음이 온전히 지금 이 순간에 있게 되면, 자기 자신의 에너지와 열정의 근원에 다다를 수 있을 것이다. '**열정**enthusiasm'이라는 단어를 잠시 생각해 보자. 그것은 그리스 어원인 '~안에within'라는 뜻의 en과 신을 의미하는 Theos에서 왔다. 삶에 열정을 회복하면 신에게 가까이 다가가고,

영적으로 되어 간다.

트라우마를 해결하면 잃어버렸던 우리의 일부분을 되찾게 되고, 그 부분들은 우리로 하여금 온전하고 완전하게 느끼도록 해줄 것이다. 우리의 본능은 단순하지만 필수적인 "나는 나야I am I" 그리고 "나는 여기에 있어I am here" 라는 인식을 담고 있다. 세상에 속해 있는 감각이 없다면 우리는 길을 잃고, 삶에서 분리된다. 타고난 지성에 내맡기는 법을 배운다면, 그것은 본성의 영성과 삶의 천부天賦와의 연결을 직면할 수 있는 치유의 여정으로 우리를 이끌 것이다.

트라우마 치유의 과정은 사실상 의식의 산도産道에 들르게 한다. 이 시점에서부터 우리 자신을 삶의 흐름으로 완전히 나아가게 자리를 잡는다. 트라우마의 치유는 내면의 떨림과 흔들림이 있는 최후의 본능적인 진통일 수 있고, '그 강력한 효과the kick'는 우리를 일깨워 여행의 귀로에 오르도록 이끌어줄 수 있다.

이러한 신화적인 탐험은 낯선 강물을 뗏목을 타고 가는 것과 같다. 여기서 알아야 할 것은 단순히 강을 따라 내려가고 있다고만 생각해서는 안 된다는 것이다. 우리의 이성적인 마음은 스스로 뗏목을 작동할 준비를 갖추지 못한다. 우리는 노paddles가 필요하다. 우리는 그것을 처리하고 조정하기 위해서 우리의 몸과 본능이 필요하다. 본능적인 '감각느낌felt sense'과 연결된다면, 우리의 힘을 느끼기 시작할 것이다.

뗏목을 조정할 수 있다는 자신감을 얻으면, 무력감을 느끼고 움직일 수 없다고 느꼈던 죽음과 같은 동굴과 얼어붙은 세계로 우리를 이끄는 급류를 탈 준비가 된 것이다. 갑자기 더 움직일 수도 없고, 심지어 숨을 쉴 수 없을지도 모른다. 우리의 모든 감각은 일시에 고조되지만, 이 시간이 속수무책이진 않다. 더 이상 본래의 압도당하는 사건의 악몽에서 풀려나가는 것을 묶어둘 순 없다. 더 이상 과거에 얽매이지도, 비극적인 운명이거나 환상적인 백일몽에 사로잡혀 있지도 않는다. 지금, 현재에 머물고 있다. 본능적인 알아차림은 우리를 현재에, 흐름에 머무르게 한다. 우리의 노, 우리의 신체 에너지는 죽음과 같이 차가운 어두움을 통과해 빛이 다시 나타날 때까지 나아가게 한다. 따뜻함 속에서 우리는 삶과 다시 연결된다.

새로운 자아, 새로운 세계에 눈뜬 것이다. 친절하고 알맞은 안내를 통해, 우리는 성공적으로 트라우마의 거친 파도를 헤쳐 나갈 수 있다. 이처럼 상태가 바뀌면서 악몽을 어떻게 통과하는지 배우고, 삶의 흐름에 다시 연결할 수 있을 것이다.

이 책에서 우리는 풀지 못한 트라우마가 일으키는 고통과 각각에 존재하는 치유의 희망을 살펴보았다. 12단계 트라우마 치유 프로그램을 사용하면, 누구든 풀지 못한 트라우마의 굴레를 벗어나 더욱 풍부하고 깊은 충만감으로 삶을 살아갈 수 있다. 트라우마가 우리의 궤도를 한 번 멈추게 했지만, 대신 위대한 변용을 여는 중요한 열쇠가 될 수 있다. 치유의 여정이 당신을 어디로 데려가든지 간에 그곳이 최선이 되기를 바란다.

트라우마를 예방하는 유용한 팁과 기술

살면서 트라우마를 피할 수는 없다. 누구라도 어느 순간 사고나 트라우마 사건을 겪을 수 있다. 그러나 거기서 더 진행되어 만성 트라우마가 되지 않도록 예방하는 여러 방법이 있다. 여기서는 트라우마의 경험이 있는 사람과 작업할 때 유용할 힌트와 팁을 제공하고, 어린아이들과 작업할 때 필요한 구체적인 안내를 해 줄 것이다. 당신이 다뤄야 하는 특정한 상황에 최선의 판단을 할 수 있다. 여기에서는 사람들을 도울 수 있는 간단한 안내를 제공한다.

어른을 위한 응급처치

1단계-즉각적인 행동(사건 현장에서)

생명 보존을 위한 의료적인 처치가 필요하면 이것이 먼저 선행되어야만 한다.

안전감을 확보하라　더 이상 남아 있는 위험이 없다면, 그 사람을 따뜻하게 하고 바닥에 눕혀 진정시킨다. 벌떡 일어나려고 할 수 있겠지만 그렇게 하지 않도록 한다. 어떤 방법으로 행동하고 무언가를 해야만 한다는 느낌은 우선적으로 필요한 진정stillness과 에너지의 방출을 못하게 할 수 있다. 사고의 중요도를 부정하고 괜찮다는 듯 행동할 수도 있다.

부상당한 사람과 함께 있으라　당신이 그들과 함께 있거나 도움이 오고 있다고 알려 주라. 도움의 손길이 도착해도 가능하면 부상당한 사람과 계속 함께 있는다.

그들이 몸의 감각을 충분히 경험하도록 독려하라　몸의 감각으로는 아드레날린 급증, 무감각, 흔들림과 떨림, 뜨겁거나 차가워지는 감각 등이 있을 수 있다(물론, 사건이 너무 심각하지 않아도 할 수 있다).

온전히 현재에 머무르라　당신이 해야 하고, 말해야 하는 것은 그 사람이 에너지를 풀어내도록 돕는 것이다. 떨리는 것은 충격을 풀어내도록 돕는 일이니 괜찮을 뿐만 아니라 좋은 일이라고 알려 주라. 떨리는 것이 다 끝나고 나면 편안해지고, 손과 다리에서 온기를 느낄 수 있을 것이다. 호흡은 더욱 가득해지고 편해질 것이다. 이러한 초기 단계는 15분에서 20분 정도 소요된다.

혼자서 하지 말라　필요하다면 나중에 이 일을 진행하도록 당신을 도울 수 있는 사람을 구하라.

2단계–집이나 병원으로 옮길 때

과정상 필요한 시간을 두라　급성 쇼크 상태에서 빠져나올 때까지 부상당한 사람은 조용히 쉬는 상태를 유지하도록 한다. 부상당한 사람들이 스스로 재건되는 데에는 하루나 이틀 정도가 걸리기 마련이다. 부상이 집에 있을 정도가 아니라고 인식해도 말이다. 이러한 저항은 무력감에서 오는 일반적인 부정과 방어기제일 수 있다.

경추염좌와 같은 보통의 부상도 초기 회복 과정을 지나치면 악화되어 치유되는 데 더 오랜 시간이 걸릴 것이다. 하루 이틀 정도 쉬는 것이 좋다.

판단하지 말고 느껴지는 감정을 따라가라　판단하지 말고 느껴지는 감정을 따라가라. 생존자들은 분노, 공포, 슬픔, 죄책감, 불안과 같은 다양한 감정을 경험할 가능성이 있다. 떨림, 오한 등과 같은 신체적 감각이 있을 수도 있는데, 모두 다 괜찮다.

3단계– 트라우마에 접근하고 협상하는 것을 시작하기

이 단계는 2단계와 동시에 일어나기도 하는데, 트라우마로 인
해 저장된 에너지에 접근하여 완전하게 풀릴 수 있도록 하는 데
필수적이다. 그 사건과 직접적으로 관련이 없더라도 경험했던 지
엽적인 이미지, 느낌, 감각을 회상하도록 돕는 것은 중요하다.

감각에 집중하라   어떤 단계에서든지 사람들이 그들의 경험에
대해 말할 때 어떤 경우에 활성화되거나 안절부절 못하는지 잘 살
펴보라. 호흡이 변하며 빨라질 것이다. 심박 수가 증가하거나 땀
을 흘릴 수도 있다. 이런 일이 일어나면 경험을 말하는 것을 중지
시키고, "목에 통증이 있어요"라든지 "속이 메스껍네요" 등과 같
이 그들의 몸이 가지고 있는 감각에 집중하도록 한다. 확실치 않
다면 어떤 느낌인지 물어보라.

에너지를 방출하도록 하라   차분하고 이완된 듯 보이면, 좀 더
상세하게 경험과 감각을 따라가도록 한다. 미약한 떨림이나 진동
을 알아차릴 수도 있다. 그건 자연스러운 일이라고 확인시켜 주
라. 활성화 반응이 줄고 있으며, 에너지를 올리고 방출시키기 위
해 천천히 작업하고 있다고 알려 주라. 이 과정을 **적정**titration─한
번에 조금씩 조금씩 가는 것─이라 한다.

어린이를 위한 트라우마 예방법

트라우마를 야기시키는 모든 사건은 훗날 신체적 증상과 정서적 문제를 야기할 수 있고, 의료적인 절차들은 잠재적으로 많은 피해를 입힌다. 많은 병원에서 의도하지 않게 이미 겁먹은 아이를 더 두렵게 만든다. 일반적인 처치를 준비하는 동안 아이들을 움직이지 못하게 하려고 '아기 자루papoose'로 묶어 놓는다. 아이를 꼼짝 못하게 묶어 두지 않고는 통제되지 않는다. 왜냐하면 아이가 너무 겁에 질려 있어서 그렇게 하지 않고는 통제되지 않기 때문이다.

너무 겁먹은 아이도 편안해지기 전까지 마취를 하지 않는 것이 좋다. 겁먹고 있는 상태에서 마취를하게 된 아이는 거의 틀림없이, 그것도 심각하게 트라우마가 생길 것이다. 심지어 아이들은 무신경하게 자행된 관장이나 체온계로도 트라우마를 입을 수 있다.

의료 시술과 관련 있는 대부분의 트라우마는 다음과 같이 하면 예방할 수 있다.

- 아이와 부모가 함께 있도록 장려한다.
- 사전에 가능한 한 많이 설명한다.
- 아이가 잠잠해질 때까지 시술을 미룬다.

　문제는 이런 시술에 의해 야기되는 트라우마나 이것에 의한 지속적이고 전반적 영향을 이해하는 전문가들이 거의 없다는 사실이다. 의료 관계자들이 아동 복지에 많은 관심을 기울인다 하더라도, 당신과 같은 소비자로부터 더 많은 정보가 필요하다.

트라우마를 가진 아이를 돕는 법

　당신의 아이가 트라우마 사건을 경험했다면, 이런 단계들이 아이가 트라우마를 해결할 수 있도록 돕는다는 것을 기억하라.

　당신 자신의 반응에 집중하라　더 이상 촉박한 위험이 없다면, 당신이 진정되고 비교적 차분해질 때까지 자신의 내면의 생리적이고 정서적인 반응을 살펴보는 시간을 갖는다.

　아이의 신체적인 반응과 언어에 주의를 기울이라　충격에서 벗어나려는 정상적인 반응인 떨림, 흔들림이나 눈물을 방해하지 않으면서 아이의 신체적인 반응을 확인한다.

　이러한 반응들을 지지하라　언어나 터치를 사용해서 받아주고 있음을 보여 주면서 이렇게 할 수 있다. 예를 들어 아이의 어깨, 팔이나 등 가운데 손을 댄다. 안심시키는 목소리로 다음과 같은 몇 마디의 말을 한다. "괜찮아" "울어도 괜찮아" (화가 난 것을 느낀다면, 그렇게 해도 된다), 혹은 "떨리는 것을 그대로 놔두렴"

아이를 위해 있으라   떨림, 흔들림 혹은 눈물이 멈추고 나면, 아이의 정서적인 반응을 확인하라. 아이가 무엇을 느끼던 간에 괜찮다는 것을 알려 주고, 당신은 그대로 머물면서 이야기를 들어준다. 당신 자신의 불편한 감정을 피하기 위해 공포, 슬픔, 분노, 당혹감, 죄책감이나 수치심 등을 없애려는 말을 하려고 하지 않도록 하라. 아이의 본연의 자아를 수용해 줌으로써 지지를 해 주면 이러한 감정들이 달라질 것이라는 것을 믿으라.

나중에 그 경험을 다시 해 보라   아이가 과거 경험으로부터 비롯된 증상들을 극복하도록 도울 때는 그림, 이야기, 놀이 등을 통해 남겨진 트라우마 에너지를 이끌어 낼 수 있다. 어른은 실제 일어났다고 믿는 것에 대한 이야기를 하고, 아이로 하여금 그들의 버전을 추가하도록 이끌어 내어야 한다.

트라우마 이야기 속의 주인공에게 다른 이름을 사용하는 것도 좋은 방법이다. 이것은 처음에 그 사건과 필요한 만큼의 거리를 유지하게 도울 수 있다. 어떤 식으로든 아이가 압도되었던 사건을 기억나게 하는 '긴장감이' 남아 있는 본래의 물건이나 사건을 아이에게 다시 소개할 수도 있다.

예를 들어, 자동차 사고가 난 후에 유아용 카시트를 거실로 들여올 수 있다. 아이를 팔에 안거나 천천히 아이와 함께 걸으면서 점차 그쪽으로 움직여 결국 아이를 카시트에 앉힐 수 있을 것이다.

천천히 가라   여기서의 핵심은 경직, 외면, 숨죽임, 혹은 심박동의 변화와 같은 반응을 관찰하고 기다리면서 천천히 가는 것이다. 회피나 공포를 불러일으키는 것에 조심스럽게 접근하는데, 위에서 대략 설명했던 것과 같은 절차가 안내하는 데 사용될 수 있을 것이다. 한번에 너무 많은 에너지나 감정이 풀려나오지 않도록 아이에게 장단을 맞춰가면서 페이스를 조절해야 하는 것을 명심하라. 아이가 더 긴장되는 것처럼 보인다고 말할 수도 있다. 다정하게 안심시키고, 어루만지고, 잡아 주거나 혹은 달래가면서 아이를 진정시킨다.

치유를 위해 놀이를 이용하라   꼭두각시, 인형 혹은 작은 장난감 모형들은 어떤 트라우마 징후가 있는지 평가하는 데 유용할 뿐더러, 아이들이 그것을 헤쳐 나가는 데 도움을 줄 수 있다. 예를 들어, 수술 후 아이의 몸이 회복되었을 때 아이, 엄마, 아빠, 의사, 간호사 모형과 미니어처 침대를 아이가 가지고 놀도록 해 줄 수 있다. 아이의 반응을 가까이서 지켜보라. 이 장에서 배웠던 제안을 가지고, 아이가 몸의 반응을 느끼고 불편한 느낌들을 풀어내도록 조심스럽게 안내한다.

우리 아이가 트라우마를 가졌는지
어떻게 알 수 있나요

심하게 놀란 일이나 특히 마취와 같은 의료 시술 후 곧 나타나는 일상적이지 않은 행동들이 당신의 아이가 트라우마를 갖고 있다는 것을 나타낼 수 있다. 강박적이고 반복적인 행동들—예를 들어 반복해서 장난감 차를 인형에 들이받는 일—은 거의 대부분 트라우마 사건이 해결되지 않은 반응을 보여 주는 확실한 징후다. 동작은 트라우마를 있는 그대로 재연하는 것일 수도 있고, 아닐 수도 있다. 트라우마의 다른 징후는 다음과 같다.

- 고집 세고, 통제하려는 행동
- 엄지손가락 빨기 같은 어린 시절 행동패턴으로의 퇴행
- 짜증, 통제가 안 되는 분노발작
- 과잉행동
- 쉽게 놀라는 경향
- 야경이나 악몽의 재발
- 수면 중의 몸부림
- 자면서 오줌 싸는 것
- 학교에서 집중하기 어려움, 건망증
- 과도한 호전성이나 수줍음, 뒤로 뺌 혹은 무서워 함
- 극단적으로 매달림

• 복통, 두통 혹은 원인을 알 수 없는 다른 병

평소와는 다른 행동이 실로 트라우마 반응인지 알아내기 위해서는 놀랐던 일을 언급하면서 아이의 반응이 어떤지 살펴본다. 트라우마를 갖고 있는 아이는 그것을 일으키기 쉬운 사건을 회상하고 싶어 하지 않거나 혹은 반대로 한번 떠올리기만 했는데도 흥분하거나 무서워서 그것에 대해 이야기하는 것을 중지하지 못할 수도 있다.

또한 비정상적인 행동 패턴이 없어진 아이들은 그걸 야기시킨 에너지를 다 방출해서 그렇다고 볼 수는 없다. 트라우마 반응이 몇 년째 숨어 있을 수 있는 것은 성숙된 신경 시스템이 과도한 에너지를 제어할 수 있기 때문이다. 과거에 아이의 행동 변화를 유발한 무서운 사건을 아이에게 상기시킴으로써 잔여 트라우마의 징후를 촉발시킬 수도 있다.

트라우마 증상을 재발시키는 것은 우려할 문제는 아니다. 생리학적 작용은 (원시적이기 때문에) 자연스러운 치유의 과정을 따르도록 하는 개입에 잘 반응하기 때문이다.

아이들은 트라우마 반응의 치유적인 측면을 경험하는 것을 놀랍도록 잘 받아들인다. 당신의 일은 단지 이것이 일어나는 기회를 제공할 뿐이다. 적절하게 아이가 보내는 단 몇 분의 시간이 트라우마의 영향이 지속되는 것을 최소화할 뿐만 아니라, 실제로 아이가 훗날 스트레스와 극단적인 사건에서 잘 회복할 수 있도록 해줄 것이다.

부 록[*]

1 단계
"내 몸은 '그릇'이다" 연습: 몸의 경계선을 찾으라
Safety and Containment Exercises: Finding Your Body Boundaries

오른쪽 손가락으로 왼쪽 손바닥을 부드럽게 두드리기 시작합니다. 내 몸의 일부라는 느낌이 들 때까지 여러 번 두드린 다음 두드리는 것을 멈추고 손바닥의 미세한 느낌을 천천히 느껴 봅니다.

어떻게 느껴집니까? 따끔거립니까? 진동이 느껴집니까? 둔한 느낌입니까? 뜨겁거나 차갑습니까? 느껴지는 것이 무엇이든 잠시 느껴 봅니다.

......

당신이 무엇을 느끼든 당신의 손을 바라보면서 이렇게 말해 봅니다.

"이것은 나의 손입니다. 내 손은 내 것입니다. 내 손은 나의 일부입니다"

그러면서 소유권이라는 것을 떠올릴 수 있습니다. 소유권이란 당신의 몸은 더 큰 당신 전체의 부분으로 속해 있다는 것입니다.

---

* 이 부록은 원서의 오디오 스크립트를 번역한 것이다. -역자 주

......

자, 이제는 손바닥을 뒤집어 손등을 두드려 봅니다. 다시 한번 어떤 느낌인지 알아차려 봅니다. 앞서 했던 것처럼 동일하게 해 봅니다. 어떻게 변해 가는지 느껴 봅니다.

다시 이렇게 말해 봅니다.

"이것은 나의 손등입니다. 나는 내 손등을 느끼고 있습니다. 내 손등은 나의 것입니다"

......

다른 몸의 부분도 이렇게 계속 해 보기 바랍니다.

팔, 다리, 종아리, 허벅지, 배, 윗배, 엉덩이, 등, 목, 얼굴, 머리 등을 부드럽게 두드려 보고, 단지 알아차려 보십시오.

팔을 두드리면 내 팔임을 느낄 수 있고, 팔도 나에게 속하는 것이라는 걸 알게 될 것입니다.

"내 팔은 나에게 속해 있습니다"

......

그다음 어깨를 두드려 봅니다.

"이건 내 어깨입니다. 난 어깨를 느낄 수 있습니다. 내 팔과 어깨는 연결되어 있습니다. 내 팔과 어깨는 모두 나의 일부입니다"

......

이제 연결을 느낄 시간입니다. 당신은 팔과 어깨, 손 간의 연결을 느낄 수 있습니다. 연결감이 느껴질 때까지 계속 두드려 봅니다. 두피와 이마도 부드럽게 두드려 봅니다.

가슴, 배, 다리, 골반, 무릎, 발도 두드려 봅니다.

각각 걸리는 시간은 다를 것입니다. 적절히 시간을 들이도록 합니다.

피부 경계 훈련은 30분 정도 걸립니다. 처음에는 시간이 더 걸릴 것입니다. 천천히 하도록 합니다. 중요한 것은 당신 자신의 내성 영역을 알아차리고, 그것을 연습하며, 여러 번에 걸쳐 부드럽게 영역을 키우는 것입니다.

......

피부 경계 훈련 중 다른 방법인 샤워기 연습을 알려 드리겠습니다.

샤워기는 편안한 온도와 적당한 세기를 갖춘 정도면 좋습니다. 샤워기에 손을 대고 그 리듬을 느껴 보며 이렇게 말해 봅니다.

"이것은 내 손바닥입니다. 나는 내 손바닥을 느낍니다. 이건 나에게 속해 있습니다"

......

그다음 손을 뒤집어 좀 전의 연습을 반복합니다.

당신이 원하는 만큼 몸의 부분을 가지고 이렇게 연습해 봅니다. 이전의 연습과 과정은 똑같지만, 다른 점은 두드리는 것 대신 물의 압력을 사용한다는 것입니다.

......

자, 이제 당신은 피부 경계와 그것이 담고 있는 그릇으로서의 감각을 느껴 보았습니다. 이 연습은 당신에게 살아 있는 생동감을 불러일으킬 것입니다.

......

이제는 좀 더 단단한 부분에 초점을 맞춰 볼 것입니다. 좀 더 깊은 경계인 근육입니다.

오른손을 왼쪽 팔 옆에 둡니다. 근육의 밀도와 형태를 잘 느낄 수 있도록 부드럽지만 확실하게 수축시켜 봅니다. 긴장과 이완의 느낌을 느껴 봅니다. 수축하고 이완해 보면서 이렇게 말해 봅니다.

"이것은 나의 근육입니다. 이것은 나의 일부분입니다. 이것은 내 느낌과 감각을 담고 있는 깊은 그릇입니다"

......

다음으로는 어깨 부분으로 옮겨 봅니다. 몇 번 힘을 쥐어 보고 쥐었을 때 생기는 긴장감과 그것을 풀었을 때 이완되는 느낌을 알아차려 봅니다. 당신만의 리듬으로 각각의 근육을 쥐었다 풀어 봅니다. 당신 근육의 감각을 극대화하는 것입니다.

처음 연습에서 느낌을 얻기 위해선 좀 강한 압력이 필요할지도 모릅니다. 하지만 당신의 근육이라는 느낌이 들 정도의 압력이면 충분합니다. 그런 다음 몸의 각 부분을 느끼고 힘을 주어 보면서 실제로 그릇의 경계를 느껴 보기 시작합니다.

......

매우 중요한 것인데, 이미 알고 있듯이 어떤 사람이 트라우마를 입었다면, 그것은 많은 문제를 안고 있다는 뜻입니다. 이는 경계를 만들고, 설정하고 유지하는 데서부터 시작해서 다양한 경계의 문제가 있습니다. 이런 연습을 통해 전체로서의 당신 안에서 당신의 몸 각각이 어떻게 연결되어 있는지 알 수 있게 됩니다.

여기 다른 연습이 있습니다. 당신의 몸의 경계를 사용해서 대인관계의 경계로 발전시킬 수 있는 그런 연습입니다. 카펫이나 바닥에 편하게 앉아서 실 뭉치를 준비합니다. 먼저, 앉아 있는 상태에서 나의 경계라고 느껴지는 부분에 실로 경계를 만들어 봅니다. 앞, 옆, 뒤, 등 경계를 상상하면서 실을 둘러 봅니다. 그렇게 둘러싼 경계 안에 있으면서 다음과 같이 말해 봅니다.

"이것은 나의 개인적인 경계입니다. 내가 들어오라고 말하기 전까지 당신은 이 안으로 들어올 수 없습니다"

당신은 이 연습을 믿을 수 있는 친구나 가족과 함께 해 볼 수 있습니다.

특히 경계를 설정하는 데 내적으로 문제가 있는 사람이라면 이 연습은 경계가 무엇이고, 사람들이 당신의 경계 안으로 혹은 당신이 사람들의 경계로 언제 들어올 수 있고, 없는지를 깨달을 수 있는 매우 좋은 방법입니다.

......

피부 두드리기 연습에서 했듯이 당신 몸의 각각의 부분에 대해 말을 하는 것이 효과적일 것입니다. 각각의 근육을 어떻게 느끼고 그것이 몸과 어떻게 연결되어 있는지를 천천히 그리고 정답게 말해 봅니다.

예를 들어 이렇게 말할 수도 있습니다.

"이것은 나의 종아리 근육입니다. 이것은 내가 바닥에 설 수 있게 하거나 움직이거나 더 빨리 뛸 수 있도록 도와줍니다. 이것은 내 딸 근육의 크기만 않습니다. 개인적인 경계를 만들도록 돕습니다"

또 다른 방법은 당신의 팔꿈치를 밖으로 움직이며 어떤 일이 일어나는지 느껴 보는 것입니다.

이 근육들은 실제로 당신이 특히 내적 개인 경계를 만들도록 돕습니다.

......

근육을 쥐어 보는 연습은 눈에 띄지 않게 연습할 수도 있습니다.

예를 들어 계산대의 줄이나 은행창구의 줄에 서 있을 때, 팔의 바깥 부분을 손으로 꽉 쥐어 볼 수도 있습니다. 당신이 할 수 있는 어떤 방법으로든 계속해서 자신에게 몸과 몸의 경계를 가지고 있으며 몸은 감각과 느낌을 담고 있다는 것을 상기시키십시오.

단 한 번의 연습으로도 마음이 변화하는 것을 체험할 수 있겠지만, 반복하면 할수록 더 많은 이득을 얻을 수 있을 것입니다. 여러 번 지속해 나가면 더 많이 깨닫게 되고, 더 많이 편해집니다. 또한 이 프로그램의 다른 연습을 하는 데 도움이 될 것입니다. 이 연습을 하면서 그릇으로서 당신 몸의 감각을 느끼기 시작한다면, 분리되어 있었던 감각, 감정과 친구가 될 수 있는 커다란 능력을 발견하게 될 것입니다.

2 단계
그라운딩과 센터링
Grounding and Centering

트라우마는 사람들을 그들의 몸과 분리시킵니다. 사랑에 마음을 빼앗기듯 트라우마는 우리의 다리를 몸에서 빼앗아가는 것과 같습니다. 그라운딩과 센터링은 자신의 몸에서 자연스럽게 사용할 수 있는 리소스를 가지고 직접적으로 재연결할 수 있도록 해 줍니다. 행동과 느낌의 근원지인 지면ground과 몸의 중력 센터와의 관계를 재설정하는 것은 중요합니다. 트라우마에서 이 두 가지 기능은 위태로워집니다. 트라우마로 인해 사람들은 그들의 지면을 잃어버리므로, 지면을 재설정하는 법을 익히는 것은 치료의 중요한 부분이 됩니다. 프로그램을 각각 연습하기 전에 자기 자신을 그라운딩하고 센터링한다면, 감정, 감각, 생각들로 인해 쉽게 중심이 무너지지 않는다는 느낌과 안전감을 확립하는 데 도움이 될 것입니다.

……

지면 위에 서서 바닥을 느껴 봅니다. 다리의 탄력감이나 단단함을 알아차려 봅니다. 무릎을 고정해 보고 유연함이 있는지 알아차려 봅니다. 부항컵처럼 다리가 지면에 닿는 방식을 느껴 봅니다.

다리를 단단히 고정한 채로 발목에서부터 천천히 좌우로 흔들어 봅니다.

아주 조금씩 움직이면서 옆으로 조금씩 흔들어 봅니다. 이런 흔드는 동작은 실제로 당신의 발로 그라운딩하는 것을 잘 느끼도록 도와줄 것입니다. 그런 다음 천천히 아주 조금씩 앞으로, 뒤로 흔들어 봅니다.

이 두 동작 모두 당신 중력의 중심을 잡도록 도울 것입니다. 일반적으로 센터는 골반 윗부분과 배 아랫부분에 있습니다.

이 동작을 하면서 아랫배에 손을 대고 있었다면 중력의 센터를 느낄 수 있습니다. 부드럽게 움직이는 것을 지속하는 것이 도움이 됩니다. 다시 한 번 천천히, 아주 조금씩 옆으로, 앞뒤로 흔들어 보면서 신체적 센터인 중력의 중심을 느껴 보시기 바랍니다.

......

동물이 어떻게 그라운딩 하는지를 알면 도움이 될 것입니다. 동물은 전적으로 자연스럽게 그라운드되어 있고 이것은 본능적인 것입니다. 강아지나 고양이를 보면 동물들이 땅과 어떻게 연결되어 있는지 알 수 있습니다. 어떻게 일어나고, 서 있고 누워 있는지 지켜보십시오.

둘 다 편안하도록 손을 동물의 몸에 대거나 머리를 동물의 가슴에 대어 보아도 좋습니다. 본문 73쪽에 한 여인과 동물이 맞대고 있는 사진이 있습니다.

동물의 평온함을 느껴 보십시오. 심장 소리를 들어 보고 호흡하는 것을 느껴 봅니다. 동물 고유의 자연스러운 리듬과 그라운드에 맞춰 당신의 몸이 안정되어 가는 것을 느껴 봅니다.

3 단계
리소스 만들기
Building Resource

모든 사람everybody은 리소스가 있습니다. 모든 몸every body에도 리소스가 있다고 말할 수 있습니다. 리소스란 무엇이고 어디에서 온 것일까요? 리소스는 신체적, 감정적, 정신적, 영적인 웰빙의 느낌을 지지해 주고 길러 주는 것이나 사람입니다. 그것은 뚜렷할 수도 있고 감추어져 있을 수도 있습니다. 활성화되어 있거나 잊고 있을 수도 있습니다. 또한 외부적이거나 내부적일 수도 있고 둘 모두의 형태를 가질 수도 있습니다. 외적 리소스의 예로는 자연, 친구, 가족, 동물, 종교 활동, 운동, 춤, 기공, 무술, 음악이나 다른 표현 예술 등이 있습니다. 내적 리소스는 힘, 민첩성, 지능, 타고난 재능, 본능적인 지혜, 회복력 있는 신경 시스템 등입니다.

......

좋아하는 교향곡을 듣는 것 같은 외적 리소스는 내부 진동을 변화시키는데, 그것을 떠올릴 때에 느꼈던 경험이 기분을 바꾸고, 그것은 내적 리소스가 됩니다.

......

사람이 트라우마를 입게 되면 보호와 방어하는 본능적인 리소스가 압도되어 버립니다. 단 한 번의 사건으로도 그 후에 리소스를 잃거나 잊어버릴 수 있습니다. 만약 트라우마가 유아기나 초기 아동기 형성 시기에 시작되었다면, 처음에는 리소스를 찾기가 힘들 수도 있습니다.

그러나 트라우마가 있는 아이들도 리소스를 찾아냅니다. 나무, 동물, 천사, 어떤 영적인 감각 등 아이들이 트라우마를 해결하기 위해 찾아내는 리소스는 놀랍습니다.

......

이 리소스 만들기 연습을 하는 동안 당신의 몸에 내재되어 있는 리소스를 되찾고, 새로운 것을 발견할 수 있을 것입니다. 당신이 센터링과 그라운딩 그리고 경계선 훈련을 계속하면 이러한 훈련들은 내적 리소스를 강화하는 데 도움이 될 것입니다.

......

이 훈련을 계속하기 위해서는 종이가 필요한데, 일기를 쓰고 있다면 일기장의 한 페이지를 사용해도 좋습니다. 종이 한 면을 세로로 길게 나누어 두 부분으로 나누어 봅니다. 한쪽에는 당신의 외적 리소스를 쓰고, 다른 한쪽에는 내적 리소스를 적어 봅니다. 거듭해 작성하면서 리소스를 추가할 수 있습니다.

만약 사람과 신체 활동 같은 것을 하고 싶지만 부족했다고 생각이 된다면, 태극권 수업에 참여하거나 같이 산책할 친구를 구할 결심을 하여 고립된 생활에서 나와 좀 더 활동적이고 연결감 있게 살아갈 수 있도록 도와줄 것입니다.

......

두 번째 그룹의 연습인 트래킹을 할 때에 당신이 적은 목록에 있는 리소스를 충분히 체화embody하는 법을 배우면 당신에게 편안함과 안전감, 더 큰 회복력과 복원력을 가져다 줄 것입니다.

만약 리스트를 작성하는 게 어렵다면, 어떤 것이 당신으로 하여금 트라우마를 헤쳐 나갈 수 있도록 했는지 잠시 회상하는 시간을 가져 봅니다.

어떻게 극복했습니까?

지금 현재의 자리에 있을 수 있도록 도와준 것은 무엇입니까?

힘겨운 삶의 투쟁을 견뎌준 내적인 힘은 무엇입니까?

어린 시절에 학대를 당했다면, 거기서 살아 남을 수 있도록 도와준 사람이나 물건은 무엇이었습니까?

멀거나 뚜렷하지 않거나 약해 보일지라도 가능한 리소스들을 상상하고 느껴보는 시간을 잠시 가져 봅니다. 조금씩 조금씩 당신은 잃어버린 줄 알았던 리소스가 나타나고, 새로운 것을 찾고, 약했던 것이 강해지는 것을 알게 될 것입니다.

연습을 지속하다 보면, 당신의 가장 훌륭한 리소스를 발견하게 될 것입니다. 그것은 불편함에서 편안함으로, 긴장됨에서 열림으로, 공포에서 연민으로 옮겨가는 몸의 감각의 능력입니다. 불안, 분노, 무력감, 소외감의 상태에서 반대로 활력감, 안전감, 기쁨, 진취성 그리고 연결의 상태로 나아갈 수 있는 능력입니다. 이것이 가장 좋은 리소스이자 진정한 자존감의 기반입니다.

4 단계
감각느낌으로부터 특별한 감각을 트래킹하기
From 'Felt Sense' to Tracking Specific Sensation

『내 마음 내가 안다Focusing』의 저자인 유진 젠들린Eugene, T. Gendlin 이 '감각느낌felt sense'이라는 말을 만들었는데, "감각느낌은 정신적 인 것이 아니라 신체적physical인 체험으로 어떤 상황이나 사람 혹은 사건에 대한 몸의 알아차림을 말하며, 주어진 시간에 주어진 사물 에 대해 느끼고 아는 모든 것을 포괄하는 내적인 아우라"입니다.

감각느낌은 말로 정의내리기 힘든 개념입니다. 언어는 선형적 이지만, 몸의 감각느낌은 매우 비선형적인 경험이기 때문입니다.

움직이면서 풍경이 변하는 강물과 같이 감각느낌은 주변 상황 에 공명하며 특징이 변합니다. 바위가 많고 가파른 땅이면 강물은 힘차고 활기차게 바위와 파편들을 깨면서 소용돌이치고 거품을 일으키며 흘러갑니다. 편평한 곳에서는 아주 천천히 흘러서 강물 이 움직이는지 아닌지 모를 정도입니다.

이와 같은 방법으로 한 번 그 환경을 감각느낌으로 이해하고 깨 달을 수 있다면, 자신이 어떤 상황이라도 잘 어울릴 수 있을 것입 니다. 이 놀라운 감각은 내용과 기후, 내외적 환경 모두를 아우르 고 있습니다. 흐르는 강물처럼 환경에 맞추어 형태를 갖춥니다. 또한 환경에 맞추어 변화할 수 있도록 돕습니다.

......

이번 연습은 감각느낌을 사용하여 내 몸에 있는 안전의 섬을 발견하는 것입니다. 언어로 감각을 표현한다는 것은 우리 대부분에게 낯선 일입니다. 책에 감각을 표현하는 여러 가지 예시가 나와 있습니다.

......

감정과 생각으로부터의 감각을 구별하는 것은 그것을 몸에서 찾아보고 직접적인 신체적 방법으로 경험한다는 것입니다.

예를 들어 불안할 때 '내가 불안할 때, 내가 불안하다고 느끼는 것을 어떻게 알 수 있는가?'라고 물을 수 있습니다.

다르게 말하자면,

그것을 몸 어디에서 느끼고 있습니까?

그리고 정확한 신체적 감각은 무엇입니까?

조여듭니까? 수축됩니까? 뭔가 걸린 듯합니까?

그것도 아니라면, 떨리는 느낌입니까? 심장이 고동치고 있습니까?

위장에 나비가 있는 것 같습니까?

이러한 모든 감각을 '불안'이라고 말할 수 있습니다.

......

신체적 감각을 정확히 잡아낸다면, 불안을 경험하는 것이 곧 변하기 시작하는 것임을 알 수 있습니다.

반대로, 기분이 좋다고 한다면 비슷한 맥락으로 자신에게 질문을 해 볼 수 있습니다.

언제 기분이 좋습니까? 기분이 좋다는 것을 어떻게 압니까?

"그냥 기분이 좋은 것뿐이야"라고 대답할 수도 있습니다. 그러나 모호한 느낌에서 좀 더 뚜렷한 느낌으로 구체화시켜 나가기 위한 다음 단계로 몸을 전반적으로 체크해 보고 기분 좋음이 어디에서 오는지 살펴보기 바랍니다.

이렇게 하면 위장에서의 따뜻함이라든지, 가슴이 열리는 느낌이라든지, 손에서 진동이 느껴진다든지 하는 것을 발견할 수 있습니다.

지난번 연습을 통해 우리는 멋진 리소스를 가지게 되었습니다.

감각을 다루고 찾아가는 힌트는 '그것은 반드시 몸에 있다'는 것입니다.

크기가 있습니다.

형태가 있습니다.

단단함, 광활함, 수축, 열, 차가움, 진동 혹은 따끔거림 등의 구체적인 신체 감각이 있습니다.

......

자, 이제 감각을 통해 당신에게 안전감을 느낄 수 있도록 도와주는 연습을 해 보도록 하겠습니다.

트라우마를 입으면, 더 이상 안전을 느낄 수 없게 됩니다. 밖의 세상은 안전하지 않다고 느끼게 됩니다. 모든 것이 위험하다고 느끼게 됩니다.

......

이 연습에서 당신은 당신의 몸에서 안전감을 느낄 수 있는 곳을 찾기 시작할 것입니다.

바로 찾을 수도 있고, 좀 더 시간이 걸려 천천히 찾을 수도 있습니다.

아주 쉬울 때도 있고, 찾기가 힘들어 고군분투할 때도 있을 것입니다.

몸에서 비교적 안전하고 편안한 장소를 어떻게 찾기 시작하는지 알아봅니다.

앉기에 편안한 장소를 찾는데, 좋아하는 의자나 푹신한 베개를 가지고 바닥에 있는 것도 좋습니다. 편안한 느낌을 주는 것이면 다 괜찮습니다. 눕는 것보다는 앉아서 시작하는 것이 나은데, 왜냐하면 누워 있으면 감각과 느낌이 좀 더 빨리 올라와 어려워질 수 있기 때문입니다.

그리고 절대로 운전 중에는 이 연습을 절대로 하지 않도록 하십시오.

......

이번 연습은 자신만의 페이스와 내면의 리듬을 발견하고, 조절하고, 회복할 수 있는 자신의 내재된 능력을 믿게 해 줍니다.

감각이 너무 강렬해지면 천천히 늦추거나 멈추도록 합니다. 여기에 있는 모든 연습을 계속해 나가면 내성이 점차 생긴다는 것을 기억하십시오.

......

당신이 지금 명상하고 있는 그 장소에 당신에게 편안함을 주거나 특별한 의미가 있는 물건을 가져와서 시작하도록 합니다. 그것은 돌이나 크리스털, 꽃, 애완동물, 좋아하는 그림이나 사진일 수도 있습니다. 혹은 조용히 '당신 곁을 지켜줄 수 있는' 믿을 만한 친구여도 좋습니다. 보살핌이나 지지받는 느낌을 주는 것이면 됩니다.

......

동시에 당신의 등으로 의자가 기대어져 있는 느낌을 느껴 보고 신체적인 느낌을 느껴 봅니다. 등이 지지받는 것을 느껴 보고 동시에 의자의 바닥이 당신의 바닥을 받쳐주고 있는 것을 느껴 봅니다.

당신의 무게가 의자로, 바닥으로 혹은 베개로 어떻게 기대어져 있습니까?

알아차렸듯이 피부에 옷이 닿아 있는 감각을 신체적으로 어떻게 느끼고 있습니까?

피부 밑에 있는 근육을 알아차릴 수도 있습니다.

이전에 연습을 하면서 당신에게 익숙해진 근육이기도 합니다.

자, 이제 다시 눈은 뜬 채로 방에 앉아 지금 현재 느끼고 있는 것을 편안한 만큼 느껴 보시기 바랍니다.

저 아래에 지구로, 지면에 닿아 있는 발의 감각을 느껴 볼 수도 있습니다. 카펫이 있다면 카펫 아래에는 나무 바닥이 있고, 나무 바닥은 집의 바닥과 연결되어 있고, 집의 바닥은 땅에 단단히 고정되어 있습니다. 의자에서부터, 땅에서부터 당신의 몸은 지지받고 있습니다.

자, 이제는 안전감을 주는 물건으로 눈을 돌려 천천히 주의를 당신의 몸과 당신 눈으로 보이는 그 물건 사이를 왔다갔다 해 봅니다. 예를 들어 당신 앞에 돌이 있다면 돌을 바라보고 그리고 몸에서 경험하고 있는 감각을 바라봅니다. 그런 다음 앞에 있는 이미지는 멀어지면서 몸에서 경험하고 있는 것을 좀 더 알아차리도록 주의를 옮겨 봅니다.

당신 자신에게 이렇게 물어보며, 느끼고 있는 그대로를 말해 봅니다.

이 물건이 당신을 좀 더 단단하고, 중심 잡히거나 그라운드되도록 느끼게 해 줍니까?

이런 감각을 몸 어디에서 느끼고 있으며, 그런 신체적 감각은 무엇입니까?

당신만의 리듬으로 물건과 몸의 감각 사이를 잠시 왔다 갔다 해 봅니다.

......

자, 이제는 몸에서 편안함이 느껴지는 내면의 감각으로 옮겨가 그곳의 감각을 좀 더 꼼꼼히 살펴보는 시간을 가져 보도록 합니다.

예를 들어 당신이 기뻐하는 것이면 무엇이든지, 좋아하는 색깔을 바라보거나 기분이 좋아지는 꽃을 보는 것도 좋습니다. 그리고 다시 한 번 그것이 당신의 내면에서 어떻게 표현되는지 살펴보십시오. 기분 좋은 생각이라기보다 기쁨이라는 것을 알게 될 것입니다.

이 모든 것이 어디에서 시작됩니까? 아마도 긴장된 근육이 풀리거나, 가슴 주변이 확장되거나, 배에서 따뜻함을 느낄 수도 있을 것입니다. 처음에는 불안을 느꼈지만, 그 느낌은 조금씩 다른 것들로 변했을 것입니다.

다시 한 번 기억해 보십시오.
불안이 무엇과 같습니까?
그것이 신체적인 몸의 감각으로는 어떻습니까?

그런 다음 그 변화하는 것을 따라가 보시기 바랍니다. 인내심을 가지고 당신 자신에게 친절하십시오. 처음에는 어떤 일이 일어나지 않는다고 느낄 수도 있고, 너무 많은 일이 일어난다고 느낄 수도 있습니다.

불편하게 느꼈던 감각과 리소스로 선택한 편안한 물건이나 이미지 사이에서 주의를 오가며 필요에 맞도록 조정해 봅니다. 당신이 조절할 수 있다는 것을 기억하십시오.

5 단계
활성화 트래킹하기: 감각, 이미지, 생각 그리고 감정
Tracking Activation: Sensations, Images, Thoughts, and Emotions

이 연습을 해야 하는 몇 가지 이유를 말씀드리겠습니다.

첫째로, 여러 가지 감정의 상태에 따라 나타나는 몸의 감각을 알아차릴 수 있습니다

두 번째로, 갈등, 기대, 좌절과 놀라는 상황에서 나타나는 감정보다는 여러 가지 감각을 알게 될 것입니다.

놀라는 경험이 공포를 경험하는 것과 항상 다르지는 않습니다. 적어도 두 경우 모두에서 신경 시스템이 활성화되기 때문입니다.

좋은 놀람의 경우, 몸에 저장이 되어 그것이 당신을 더 기분 좋게 느끼도록 해 줍니다.

트라우마에서는 감각이 한 곳에 고착됩니다. 신체감각에 접촉하는 것을 통해 트라우마로 고착된 것에서 빠져나와 흘러갈 수 있게 되어 우리 자신에 대해 생생한 경험을 맛볼 수 있게 됩니다. 그리고 트라우마로 묶여 있던 우리를 궁극적으로 자유롭게 해 주는 것이 이러한 변용입니다.

......

지금부터 일련의 이미지와 그림을 가지고 안내를 할 것입니다. 당신이 해야 할 일은 연습을 통해서 당신 안에서 일어나고 있는 감각, 감정, 이미지나 생각 등을 알아차리는 것입니다.

다시 한 번 당신에게 편안한 장소를 찾아보시길 바랍니다. 당신

에게 가장 편안하고 안락함을 주는 의자나 쿠션도 좋습니다. 다시 한 번 의자와 베개가 당신의 몸을 어떻게 지지해 주고 있는지 느껴 보십시오. 의자와 베개에 당신이 얼마나 잘 안착되어 있는지도 느껴 보시기 바랍니다. 호흡을 느껴 보고, 몸의 전반적인 감각을 느껴 봅니다. 어떠한 느낌이든 당신의 마음에 있는 것이 무엇인지 알아차려 보길 바랍니다.

......

자, 오늘이 당신의 생일이라고 상상해 봅니다. 당신에게 특별한 날이지만, 외로움을 느끼며 집에 홀로 있습니다. 혼자 있고 싶지는 않습니다. 그래서 영화를 보러 나가기로 결심합니다. 준비를 하지만 그때 지갑이 없어졌다는 걸 알고 두려운 생각이 들기 시작합니다.

알아차릴 시간을 들이도록 합니다.

이 순간 당신의 몸과 마음에 어떤 감정, 감각, 이미지, 생각이 있습니까?

시간을 들여 알아차려 봅니다.

두렵다고 느꼈을 때 그것을 당신의 몸 어디에서 느끼고 있었습니까? 무엇처럼 느껴졌나요?

두려움과 같은 감각이 있는 일반적인 장소는 명치(태양신경총)solar plexus, 가슴이나 목일 수 있습니다. 조여드는 감각이나 나비의 날개짓 같은 메스꺼움을 느꼈습니까?

손에서 온도의 변화가 있었습니까? 땀이 나거나 추웠습니까? 떨리는 곳이 있습니까?

그곳에 주의를 기울여 감각이 어떻게 변하는지 느껴 보시기 바랍니다.

강도가 세지거나 약해집니까? 조여들거나 느슨해집니까?

......

시나리오로 다시 되돌아갑니다. 당신은 생각을 하기 시작합니다. '아마도 다른 방에 지갑을 놔두었을 거야'라고 말입니다. 되돌아가 지갑을 놔두었을 법한 다른 장소를 찾아봅니다. 그러나 찾지 못하자 조금은 제정신이 아닙니다. 다시 한 번 당신의 내면에 주의를 집중하고 몸의 감각, 감정, 이미지, 생각을 알아차려 봅니다.

이제 조금 차분해지자 생각이 조금씩 명료해집니다. 지갑을 어디에 두었는지 차근차근 생각해 봅니다.

'서랍에 있을까? 들어와서 아마 탁자 위에 놔두었을 거야. 그리고 나서 욕실로 갔겠지. 좋아, 욕실에 있을 수도 있겠네'

주위를 둘러보려 하는데, 전화벨 소리가 들립니다. 전화를 받자, 친구가 당신이 지갑을 친구네 집에 두고 갔다고 말해 줍니다. 안도의 한숨이 나옵니다.

당신의 몸에서 느껴 보십시오. 그리고 방금 전 얼마나 제정신이 아니었는지를 떠올리며 미소 짓고 있는지 알아차려 보십시오.

친구가 곧 집을 떠날 것이지만, 당신이 바로 온다면 기다린다고 말합니다. 친구의 집으로 향하는 당신의 발걸음은 힘찹니다. 친구가 당신 지갑을 가지고 있는 것을 알고, 당신은 하고 싶은 것을 하기 위해 지갑이 필요합니다. 친구네 집으로 힘차게 걷고 있는 것을 몸에서, 다리에서 어떻게 느끼고 있습니까?

문을 두드리지만, 대답이 없습니다. 다시 한 번 두드립니다. 아, 여전히 대답이 없네요.

친구를 놓쳤다고 생각되어 초조해지기 시작하는 것을 느낍니다. 친구는 당신이 바로 온다면 기다린다고 말했습니다.

초조함이 어디에서 느껴집니까? 무엇처럼 느껴집니까?

······

당신의 마음에 어떤 생각이 들고 있습니까? 시간을 들여 전에 느꼈던 감각의 범위를 알아차려 보고, 당신의 몸과 마음에서 초조함을 어떻게 경험하고 있는지 알아차려 보길 바랍니다.

자, 집 뒤에서부터 친구의 조용한 목소리가 들립니다. 당신에게 들어오라고 말하고 있네요.

아, 문 두드리는 소리를 친구가 들었나 봅니다. 복도를 따라 가는데 너무 어둡습니다.

천천히 어둠 속에서 길을 찾고 있네요. 복도를 더듬거리는 것을 어떻게 느끼고 있는지 알아차려 보십시오.

어둠 속을 움직이는 것을 당신의 몸은 어떻게 느끼고 있습니까?

너무 어두워 친구를 다시 한 번 불러보지만, 갑자기 큰소리의 합창소리가 들립니다. 당신을 위한 서프라이즈 파티입니다.

이것을 알았을 때 당신의 몸과 마음에서 어떻게 느끼고 있습니까?

그리고 친구들이 당신을 여기까지 오게 한 지갑을 건네줍니다. 친구들이 당신을 위해 준비한 것이었네요.

몸에서, 배에서, 가슴에서, 손에서 느껴 보고, 당신의 마음에 어떤 생각과 장면이 있는지 다시 한 번 알아차려 보십시오.

6 단계
진자운동 하기: 확장과 수축의 리듬을 따라가기
Pendulation: Tracking Your Rhythms of Expansion and Contraction

일반적으로 내면에 초점을 맞추고 내적 감정과 감각에 대해 호기심을 갖게 되면 이완과 열린 감각으로 미묘한 전환을 하게 됩니다. 그러나 처음에 우리의 몸을 들여다보면, 지난번 훈련에서 했던 것처럼 깜짝 놀랄 수도 있습니다. 실제로 좀 더 긴장할 수도 있습니다. 그러나 이러한 안 좋은 감정과 좋은 감정 사이에 자연스러운 리듬이 있다는 것을 알게 될 것입니다. 수축과 확장 사이에는 항상 리듬이 있어서 그 리듬을 느낀다면 어떤 감정을 느끼더라도 우리가 그 감정에 사로잡히지 않을 것이라는 것을 알게 될 것입니다. 이것은 다른 감정으로 변화되어 전반적인 흐름으로 일관성 있게 변할 것입니다. 이러한 수축과 확장, 확장과 수축의 감정 사이에서 왔다 갔다 하는 것을 진자운동이라고 부릅니다.

그래서 두려움, 분노, 공포와 같은 것을 느꼈어도 이러한 내적 감각과 친해질 수 있다면 그러한 감정을 진자처럼 움직일 수 있을 것입니다. 수축과 확장이라는 반대되는 개념은 우리를 따라서 움직이기 시작합니다.

한번 진자운동하는 것을 성공적으로 배운다면 끝없는 감정의 고통처럼 보였던 것이 감당할 만하고, 끝이 있는 것처럼 느껴지기 시작할 것입니다. 이것은 당신이 두려움과 무력감에서 호기심과 탐험으로 주의를 옮기는 것입니다. 당신이 할 일은 과잉 자극에 빠지거나 지루해하지 않고 그저 당신 안에서 일어나고 있는 일을 관찰하는 것을 배우는 것입니다.

다음 연습에서는 일어나는 일을 해석하거나 분석하거나 설명하려고 애쓰지 말기 바랍니다. 그저 경험을 하고 적어 놓으십시오. 문제가 되는 기억, 감정, 통찰 등을 기억해 내려 하는 건 불필요한 일입니다. 떠오른다면 괜찮습니다만 보다 중요한 것은 해석이나 감정적인 접촉 없이 그것들을 그저 관찰하라는 것입니다.

바라보십시오.

그리고 흘러가도록 내버려 두십시오.

오면 받아들이십시오.

이것이 당신 내면의 감각느낌 언어를 배우는 가장 중요한 방법입니다. 강둑에 앉아 흘러가는 강물을 그저 바라보는 것과 같습니다.

......

그리고 당신이 이 부록을 읽을 때, 이 말을 이해하거나 해석하려고 애쓰지는 말아 주십시오. 단지 이 말들이 당신 안으로 들어오게 한 다음 당신의 경험이 무엇인지 알아차려 보기 바랍니다.

나는 당신이 가장 당신처럼 있는 그대로 느꼈던 때인 바로 그날, '오늘'을 떠올리거나, 당신 자신을 가장 잘 느끼고 싶거나 혹은 있는 그대로 있고 싶은 그런 방식을 떠올려 보았으면 좋겠습니다. 아마 당신이 어떤 기쁨과 환희를 느꼈을 때일 것입니다. 아마도 당신이 걱정이나 근심을 거의 느끼지 못했던 때일 것입니다. 그때가 언제더라도, 나는 당신이 가장 있는 그대로 느끼거나 걱정

없고 편안했던 때를 생각해 보길 바랍니다.

......

이제 그 이미지를 떠올려 보길 바랍니다. 그 이미지가 단지 생각일 뿐이라면 그 시간의 생각들을 다시 떠올려 보고 만약 이미지가 그림처럼 떠오른다면 내면의 감정은 어떤지 알아차려 보기 바랍니다.

당신의 몸 안에 어떤 일들이 일어나고 있습니까?

당신이 가장 당신 자신으로 느꼈던 이미지와 내면의 감각 사이를 몇 차례 왔다 갔다 해 봅니다. 시간을 충분히 가져도 좋습니다.

......

이제 다른 시간을 생각해 보기를 바랍니다.

지난 며칠 동안 가장 당신 자신처럼 느꼈던 적, 가장 당신답다고 느꼈거나, 그렇게 존재하고 있기를 바라는 방식, 온전한 당신 자신을 느꼈던 시간, 특별한 기쁨이나 환희를 느꼈던 그때를 생각해 보기 바랍니다. 마음의 눈으로 어떤 이미지가 보입니까? 그 이미지와 내면의 신체감각 사이를 왔다 갔다 해 봅니다.

......

이제 다른 시간을 생각해 보길 바랍니다. 지난주나 지난 2~3주간 당신이 가장 당신답다고 느끼고, 가장 중심을 잡고 가장 안정되고, 가장 당신 자신을 느끼고 싶었던 바로 그때를 떠올려 보십시오. 특별히 좋게 느껴지거나 온전한 당신을 느끼고 당신 자신과 다른 사람들과 연결되어 있다고 느꼈던 그때를 잠시 떠올려 봅니다.

마음의 눈에 보이는 장면과 그 장면과 연관되어 느껴지는 신체감각 사이를 왔다 갔다 해 봅니다.

7 단계
싸움 반응: 자연스러운 공격 vs. 폭력
Fight Response: Natural Aggression Versus Violence

먼저 건강한 공격성aggression에 대해 잠깐 말하겠습니다. 공격은 위협받을 때 우리를 보호하기 위해 선천적으로 타고난 리소스입니다. 그것은 또한 삶의 희망과 목표를 향해 움직이도록 하는 원동력이기도 합니다. 앞에서 배웠듯이 사람들이 트라우마 상태가 되면, 부동화 상태가 되어 꼼짝 못하게 됩니다. 이것 때문에 삶을 효과적으로 영위해 나가기 위해 필요한 건강한 공격을 하지 못하고 억눌려 있게 됩니다.

자연은 우리를 다른 동물과 마찬가지로 정지 상태에서 벗어나기 시작할 때 공격할 수 있도록 만들었습니다.

얼어붙은 트라우마 상태에서 벗어나기 시작하면, 매우 강력한 공격 충동에 다가갈 것입니다. 이것은 포식자가 여전히 그 장소 주변에 있을 때에 가능합니다. 다시 말하면, 움직이지 못하는 부동화 상태에서는 공격받지 않기 위해 죽은 척을 합니다. 그러나 포식자가 여전히 그곳에 있다면, 공격하기 위한 충동이나 행동은 우리 생명을 보호하기 위해서 해야만 하는 것입니다. 왜냐하면 움직이지 못하는 상태에서 벗어났다면 포식자가 우리가 죽은 채 하고 있었다는 것을 눈치 채고, 아마도 다시 공격을 할 것이기 때문입니다.

이것이 당연한 이유는 포식자가 아직도 거기에 있다면 반격만

이 우리의 삶을 방어할 수 있는 전부이기 때문입니다.

......

트라우마를 입은 사람은 일반적으로 자신의 공격성을 두려워합니다. 이런 이유로 부동화 상태에서 벗어나기 시작할 때 목숨을 구하는 타고난 공격 반응을 억누릅니다. 이러한 억누름은 그들을 다시 마비 상태로 돌려놓는 결과를 가져옵니다. 그러므로 공격성이 제대로 표출되지 못하면, 그들은 삶에 참여하는 것을 두려워하게 됩니다.

......

당신은 어려운 감정이나 감각 상황에 처하더라도 어떻게 진자운동이 되는지 이미 배웠습니다. 그리고 다음 번 연습에서는 건강한 공격성을 가질 수 있도록 파트너와 같이 어떤 신체활동을 배우게 될 것입니다. 당신이 꼼짝 못하는 상황이라고 느낄 때마다 단지 "괜찮아. 그냥 그대로 있어"라고 말하고, 당신이 느끼고 있는 다른 감정, 감각을 진자운동 하기 바랍니다. 그리고 이런 것을 할 수 있기 위한 시간을 가지십시오. 이 훈련의 목표는 극복하려는 데 있는 것이 아니라 가능한 많이 탐험하고, 공부하고, 배우는 것입니다. 이 훈련을 위한 지침서는 4장의 7단계 연습(91~93쪽)에 있습니다.

8 단계
도주 반응: 자연스러운 탈출 vs. 불안
Flight Response: Natural Escape Versus Anxiety

위협에 처하게 되면 두 가지 선택이 있습니다. 위협에 맞서 싸우느냐 아니면 도망치느냐가 그것입니다. 만약 이러한 자연스러운 탈출이 막히면 우리는 불안이라는 것을 경험하게 됩니다. 불안은 자연스러운 탈출 반응이 막혔을 때 나타나는 증상입니다. 4장의 8단계 연습 '도주 반응: 자연스러운 탈출 vs. 불안'에 기록된 부분을 참고하면, 내재된 이러한 반응 능력을 어떻게 회복할 수 있는지 안내받을 것입니다. 이런 반응 능력은 불안과 반대로 자연스러운 탈출을 할 수 있게 하는 것입니다. 자, 이제 단단한 베개를 당신 발 아래 두고 편안한 의자에 앉아 보세요.

......

편안한 의자에 앉아 발 밑에 단단한 베개를 받쳐서 당신 자신을 그라운드 시켜 봅니다. 당신의 발밑에서 베개가 어떻게 느껴지는지 그라운드의 느낌을 느껴 봅니다. 잠시 눈을 감고 정글 속을 거닐고 있는 장면을 상상해 봅니다. 이때 덤불 속에서 어슬렁거리던 개코원숭이가 당신을 보았습니다. 개코원숭이가 당신을 향해 돌진하기 시작합니다. 당신이 개코원숭이를 처음 보았을 때 활성화되는 느낌을 느껴 봅니다. 베개 위에서 달려 보면서 다리의 힘을 느껴 봅니다. 이 동작을 할 때에 다리와 몸에서 어떤 일이 일어나고 있는지 관찰하면서 있는 그대로 알아차려 봅니다. 큰 바위 꼭대기의 안전한 장소에 도달할 때까지 달립니다. 당신은 탈출했습니다. 개코원숭이는 흥미를 잃고 어슬렁 사라집니다. 당신은 따뜻한 바위 위에 차분히 앉아 있습니다. 당신의 호흡과 심장박동을 느껴 봅니다. 떨리거나 흔들리기 시작한다면 그냥 그대로 일어나도록 놔둡니다.

9 단계
힘과 회복력 vs. 붕괴감과 패배
Strength and Resiliency Versus Collapse and Defeat

감정이 격해지거나 창피를 당하는 상황이 오면 우리의 몸은 주저앉고 싶어집니다. 어깨는 앞으로 굽고, 눈이 아래로 내려가며 횡격막이 복부로 꺼져 버립니다. 자, 당신이 이러한 붕괴감을 몸에서는 어떻게 경험하는지 그대로 느껴 보기 바랍니다. 좌절하였거나 창피했던 순간을 떠올려 봐도 좋습니다. 몸에서는 어떻게 무너지고 있는지 느껴 봅니다.

자, 주저 않지 않으려 애쓰기보다는 조금씩 몸이 그대로 무너지는 것을 따라가되, 매순간 마음챙김 상태로 있어야 합니다.

패배감에 사로잡히거나 수치스럽고 자존심이 심하게 상했던 때를 떠올려 봅니다. 그러한 장면들을 한 쪽으로 치우고 몸 안에서 어떠한 반응이 나타나는지 느껴 봅니다.

당신의 어깨가 어떻게 무너지고, 배 앞으로 어떻게 꼬꾸라지는지 느껴 보십시오.

그리고 눈이 시야에서 벗어나서 점점 땅 쪽을 바라보고 있는 것을 느껴 보십시오.

이러한 상황에 맞서기보다 어느 지점에 도달할 때까지 단지 천천히 계속 무너져 갑니다.

아주 천천히 척추 뼈 하나하나, 90도 자세에서 직립 자세로 돌아가기 시작하십시오.

두 번째 척추 뼈가 첫 번째 척추 뼈 위로 올라가도록 서서히 일어나십시오.

마찬가지로 세 번째 척추 뼈를 두 번째 척추 뼈 위에, 네 번째 척추 뼈를 세 번째 위에, 이렇게 척추 뼈 하나하나를 천천히 일으키십시오.

점차 척추가 일직선이 되고 등의 중간 부분이 세워지고 목까지 곧게 펴집니다.

척추 뼈 모두 하나하나 그 위에 포개어져 수직으로 정렬이 될 때까지 곧게 펴집니다.

······

이제는 머리 꼭대기에 눈에 보이지 않는 끈이 당신을 하늘로 끌어올려서 모든 척추가 좀 더 길어지고 위로 늘어난다고 상상해 봅니다. 가슴을 느껴 보고, 열리거나 확장되는 감각이 있는지 바라봅니다.

주저앉지 않으려 버티는 것이 아니라 오히려 그것이 다 마무리되도록 움직임을 따라가 보라는 것입니다.

10 단계
부동화 반응으로부터 두려움 분리하기

Uncoupling Fear from the Immobility Response

이것은 당신이 이미 시작한 것입니다.

왜냐하면 자연적으로 부동화 반응은 시간 제한이 있기 때문입니다.

동물은 위협을 받고 도망칠 수 없다는 걸 알면 움직이지 못하게 됩니다.

포식자가 떠나고 나면 먹이가 될 뻔했던 동물은 서서히 혹은 가끔은 신속하게 부동화 상태에서 에너지를 털어버리고 정상의 상태로 돌아옵니다. 반면에 인간은 동물과 달리 부동화 반응 자체 때문에 두려워하게 됩니다. 이는 전에 탐구했던 공격 반응 때문입니다. 또한 움직이지 못한다는 것은 다소 죽음처럼 느껴지기 때문입니다. 이것은 생물학적 기능입니다.

그래서 당신이 낮 동안에 마비되거나 뭔가에 막혀 꼼짝 못하거나 움직이지 못한다고 느낄 때, 요령은 단지 몸의 감각을 알아차리는 것입니다. 극단적인 생각에 사로잡혀 있는 당신의 마음이 아니라 신체적인 감각에 초점을 맞추는 것입니다. 극단적인 생각에 사로잡히는 것은 부동화 반응과 연관되어 있습니다.

단지 움직이지 못하는 신체적인 감각만을 느끼고 상대적으로 짧은 시간에 꼼짝 못하던 것이 풀리는 것을 알게 된다면 일상으로 돌아올 수 있는 에너지를 느끼기 시작할 것입니다.

11 단계
오리엔테이션:
내면에서 외부 환경과 사회적 관계 속으로 옮겨가기

Orientation: Moving from Internal to External Environment and Social Engagement

　지금까지의 연습에서는 당신의 내면에서 일어나는 일에 집중을 하였습니다. 그것을 다시 하듯, 몸의 알아차림이나 신체감각 연습을 할 때에 언제나 다음과 같이 합니다. 세상으로 돌아와 눈을 뜨면 그냥 그대로 당신의 눈이 원하는 것을 하고, 둘러보고, 오리엔트하도록 합니다. 왜냐하면 그것이 관심, 호기심 그리고 탐험을 하도록 하는 조직화된 기본 신경 시스템이기 때문입니다.

　또한 트라우마 반응을 해결할 수 있는 해결책이기도 합니다.

　신경 시스템은 트라우마 상황과 동시에 탐험하고, 흥미를 가지고, 찾고, 바라볼 수 없습니다.

　트라우마는 이러한 반응과 공존할 수 없습니다. 만약 다른 사람이 주변에 있어 내면의 연습을 하는 것에서 돌아와 그 사람과 접촉을 하고 싶다는 기분이 든다면, 그냥 그 사람을 바라봅니다. 재차 말하지만 이것은 자연스러운 반응입니다.

　트라우마로 꽉 잡혀 있지 않을 때, 우리의 자연스러운 반응은 자연 환경과 우리와 관계 맺고 있는 사람들에게 손을 뻗어 접촉하는 것입니다.

12 단계
진정하기와 통합하기
Settling and Integrating

일련의 동작은 4장의 102쪽에 기록되어 있습니다. 일련의 동작은 트라우마나 놀람으로 인해 흥분된 에너지를 담고 가라앉도록 도와주며 또한 그러한 감정 상태들을 고요하고 이완된 균형 상태로 바꿔줍니다.

일련의 동작들은 흥분된 이후에 다시 평정을 되찾도록 도와줍니다.

......

(2단계) 그라운딩 연습을 하고 난 다음 동작들을 순서대로 따라하는데, 편안하게 느껴질 만큼 시간을 들여 각각의 포즈를 취합니다. 각 포즈가 끝난 후엔 진정시키기 위한 시간을 갖습니다. 심박수와 호흡에 어떤 변화가 있는지 느껴 봅니다. 떨림이나 흔들림을 경험한다면, 일어나도록 그냥 지켜봅니다.

......

안절부절 못하고, 불편하게 느껴질 때마다 이 사진의 동작을 취하는 것을 권장합니다. 또한 이 자세를 잘 이용하면 깊은 잠이 들 수 있습니다. 휴식을 취하고, 회복하고, 치유의 여정으로 이끌어가는 꿈을 꾸게 하는 깊은 잠의 세계로 말입니다.

● 추가정보 ●

신체감각 체험중심치료Somatic Experiencing로 알려진 이러한 접근법에 대한 더 많은 정보와 피터 레빈Peter A. Levine이 Human Enrichment 재단에서 하고 있는 일에 관해 알고 싶다면, www.traumahealing.com에 접속하거나 info@traumahealing.com 으로 이메일을 보내기 바란다. 웹사이트에서는 Human Enrichment 재단에서 훈련받은 현역 치료자들에 대한 안내뿐만 아니라 피터 레빈의 교육 스케줄에 관한 정보를 얻을 수 있다.

트라우마의 치유에 대해 더 알고 싶다면, 피터 레빈의 『호랑이를 깨워라: 힐링 트라우마-충격적인 경험을 변용할 수 있는 타고 난 능력Waking the tiger: Healing trauma-the innate capacity to transform overwhelming experiences』(North Atlantic Books, 1997)을 보라.

당신의 치유 여정에 훈련받은 테라피스트therapist의 상담이 도움이 된다고 믿는다면, 같이 작업해 나갈 적당한 전문가를 찾는 데 도움을 주는 많은 지역 정보가 있다. 기억할 것은 당신이 소비자라는 점이다. 잠재적 테라피스트들에게 훈련, 배경, 트라우마를 치료한 경험 등에 관해 물어보는 것을 두려워하지 말라.

● 찾아보기 ●

저자 소개

Peter A. Levine은 버클리에 있는 캘리포니아 대학교(University of California, Berkeley)에서 생물물리학으로, 유나이티드 스테이츠 인터내셔널 대학교(United States International University)에서 심리학으로 각각 박사학위를 받았다. 35년간 스트레스와 트라우마 분야에서 일하였고, 신체감각 체험중심치료(Somatic Experiencing)의 개발자로서 전 세계에 이 분야의 훈련을 제공하고 있다. 애리조나에 있는 Hopi Guidance Center에 있으면서, 국제적으로 다양한 토착 문화를 가르치고 있으며, 첫 우주선 개발 당시 NASA에서 스트레스 컨설턴트로 일을 하기도 했다. World Affairs Task Force 협회의 사회적 책무에 관한 심리학자 멤버이기도 하고, 대형 재난과 민족 정치적인 전투에 대응하는 미국심리학회 전략팀의 일원이기도 하다. 또한 산타바버라 대학원(Santa Barbara Graduate Institute)의 유명한 교수이자 13개국 언어로 출판된 베스트셀러 『호랑이를 깨워라: 힐링 트라우마(*Waking the tiger: Healing trauma*)』의 저자이기도 하다.

역자 소개

서주희(Sue Joohee)

원광대학교 한의학과를 졸업하고 경희대학교 동서의학대학원에서 한의학 석사학위를, 원광대학교 일반대학원에서 한의학 박사학위를 받았다. 국립의료원에서 한방신경정신과 전문의 과정을 마치고, 한의사로서는 1호로 미국 하코미연구소 인증 하코미 테라피스트 자격을 취득하였다.

현재 한국 M&L심리치료연구원에서 서양심리학과 동양철학의 현대적 접목을 위한 연구를 하고 있으며, 국립중앙의료원 한방신경정신과장으로 임상에서 한의학과 하코미 심리치료를 결합하여 한방신경정신과를 찾는 많은 사람의 몸과 마음을 치료하고 있다.

한국 M&L심리치료연구원

M&L은 인간이 원래 가지고 있는 두 가지 힘, 즉 'Mindfulness'와 'Loving Presence'의 약자로 수동적 깨달음인 마인드풀니스와 적극적 사랑에 해당하는 러빙 프레젠스의 두 가지 근원적 힘을 이용하여 진정한 자기를 찾아가도록 돕는 심리치료다.

M&L심리치료는 한의학과 유사한 동양사상에 기반을 둔 미국의 론 커츠(Ron Kurtz)에 의해 확립된 하코미 심리치료법을 기초로 하고 있다. 또한 최신 뇌 신경과학에 근거한 트라우마 치료와 체험 그리고 신경정신과 임상에서 실천적으로 활용할 수 있는 다양한 기법과 한의학적 인간관을 중심으로 한 치료법들로 이루어져 있다. 한국 M&L심리치료연구원은 미국과 일본의 하코미 연구소와 학술적·임상적 협력관계를 유지하고 있다.

본 연구소는 새롭고 다양한 심리기법을 한국 실정에 맞게 재해석하고, 우리 문화에 알맞은 심리치료 기법을 소개하며, 영향력 있는 외국 심리서적을 번역 출간하여 한국에 보급하는 데 힘쓰고 있다.

몸과 마음을 잇는
트라우마 치유
Healing Trauma
A Pioneering Program for Restoring the Wisdom of Your Body

2014년 9월 25일 1판 1쇄 발행
2024년 1월 25일 1판 8쇄 발행

지은이 • Peter A. Levine
옮긴이 • 서 주 희
펴낸이 • 김 진 환
펴낸곳 • (주) 학지사

04031 서울특별시 마포구 양화로 15길 20 마인드월드빌딩 5층
대표전화 • 02) 330-5114   팩스 • 02) 324-2345
등록번호 • 제313-2006-000265호
홈페이지 • http://www.hakjisa.co.kr
인스타그램 • https://www.instagram.com/hakjisabook

ISBN 978-89-997-0488-8 93180

정가 14,000원

출판미디어기업 학지사

간호보건의학출판 학지사메디컬 www.hakjisamd.co.kr
심리검사연구소 인싸이트 www.inpsyt.co.kr
학술논문서비스 뉴논문 www.newnonmun.com
원격교육연수원 카운피아 www.counpia.com